Hello Smile Love

今すぐ!

最高の彼に出会うためのマッチングアプリ恋愛術

KADOKAWA

はじめに

数ある素敵な本の中から、この一冊を手にとっていただきありがとうございます。

マッチングアプリのプロフィール添削のプロ、おとうふです。

私は、今まで30種類以上のマッチングアプリを使い、３００人以上の男性と出会ってきました。

現在はその知識と経験を活かし、マッチングアプリに関するご相談に乗っています。

おかげさまで、これまでに手がけてきたプロフィールの数は６００件以上になりました。

今でこそ専門家としてテレビに出演したり、セミナーに登壇したりしている私ですが、マッチングアプリを始めた当初は、まったくと言っていいほどマッチングしませんでした。

そんな時、同じ時期にアプリを始めた美人の幼なじみがこう言ったのです。

「登録してみたら、一晩で何百もいいねが来て怖くなってやめちゃった」

私は衝撃を受けました。

同い年で、同じアプリを使っているはずなのにこんなにも反応が違うのか、と。

今考えると、当時の私は「どうせブスが外見を磨いても意味ないでしょ」と外見を磨くことを諦めていたので、当然の結果だと思います。

しかし、幼なじみの発言を聞いて危機感を覚えた私はこう考えたのです。

外見で他の女性と同じフィールドに立つのはやめよう。

プロフィール文で勝負しよう。

「いや、まず外見を磨けよ！」と、タイムマシーンがあったらツッコミを入れたくなるような話ですが、この出来事をきっかけに、私はプロフィールの研究をするようになったのでした。

それから数ヶ月、プロフィール文やプロフィール写真の試行錯誤を重ねた結果、なんと、月間累計いいね数は２０００を超え、当時住んでいた埼玉県1位の人気会員に。

中には「おとうふさんのプロフィール文、いつも面白くて見てます」「おとうふさんのプロフィール文のファンです！」といったようなマッチングアプリらしからぬメッセージをいただくこともありました（笑）。

このように、マッチングアプリでは趣味や価値観を記載するプロフィール欄があるので、外見だけにとらわれないさまざまなアピールが可能です。

外見に自信がなく、モテないことがコンプレックスの私でしたが、この経験を通して、恋愛に対してとても前向きに考えられるようになりました。

この本を手にとってくださっているということは、

マッチングアプリを使ってみたいけど使い方がわからない
どんな人にいいねを送ったらいいかわからない
理想の人となかなかマッチングできない

など、何らかのマッチングアプリのお悩みを抱えている方も多いと思います。

今回、書籍執筆のお声がけをいただき、そういったお悩みを抱えた方々が「この本を読んでおけば大丈夫でしょ！」と思えるような、マッチングアプリのバイブルのような本を作りました。

この本をお守り代わりに、楽しくマッチングアプリを使っていただけたら幸いです。

また、これからマッチングアプリを始めようと思っている方もいると思います。

実際にアプリを始めたことで、

趣味の合う彼を見つけて電撃結婚
シングルマザーですんなり再婚
恋愛経験ゼロだったけど彼氏ができた！

などなど、たくさんの幸せなご報告が私のもとにも届いています。
この本を機に始めるチャンスです！　と後押しさせてください。
実際に私もアプリを始めたことで、恋愛観以外にも人生が大きく変わりました。

会社を辞めて今の仕事で独立しようと思ったのは、マッチングアプリで幅広い趣味を持つ方や色んな世界でお仕事をされている方と出会ったのがきっかけです。「私も自分の発信で世の中を変えたい！」と思うようになり、今の活動を始めました。

普段関わることがないようなお仕事をされている方と出会えるのも、マッチングアプリの魅力の一つ。

このように、マッチングアプリには恋愛や結婚だけでなく無限の可能性が広がっていっています。

ぜひ、マッチングアプリで、あなたの「運命を変える出会い」をゲットしてくださいね。

Contents

Introduction
序章
マッチングアプリなら手っとり早く理想の人を見つけられる……014

Chapter
1
アプリはこう使うべし！ おとうふ流アプリの掟……038

Chapter 2

Chapter 3

300人以上と出会ってわかった「相手の見極め方」

Chapter 4

Chapter 5

Chapter 6

幸せな恋愛をするために必要なマインド

Introduction

序章 マッチングアプリなら手っとり早く理想の人を見つけられる

コロナ禍でマッチングアプリを使用する人が急増。周りの友人でも最近始めた！　という人が多いのではないでしょうか。

まだ始めていない人、ダウンロードしたままになっている人はぜひこの章から読んでみてください。

自分がアプリ恋活・婚活に向いているかどうかも知ることができます。

マッチングアプリが「当たり前」の時代

10年前までは職場や学校での出会いや友人の紹介が中心で、「出会い系」というと危険なイメージがありました。

しかし、今やマッチングアプリは出会いのスタンダード。アプリで恋人ができた、結婚したといった話も、珍しいことではなくなってきました。

特にコロナ禍で、リアルの出会いの機会が減ったこともあり、マッチングアプリの登録者数が増え続けています。

それくらい、マッチングアプリは「当たり前」の時代。

周りの友人でも、マッチングアプリで付き合ったり、結婚したりしている人がいるのではないでしょうか？

かくいう私も、始めたきっかけは高校時代の友人がマッチングアプリで出会った人と結婚したと聞いたからでした。

しかし、なぜここまでマッチングアプリは普及したのでしょうか。

合コンはもう時代遅れ!?

マッチングアプリがここまで人気になったのは、**紹介や合コンより効率的だから**だと思います。

合コンって、基本的には「友人の友人」とか「友人の同僚」とか、自分と近いコミュニティの人しか来ないので**出会える人の幅が狭い**んですよね。しかも**1回の合コンで出会える人数は、せいぜい3人から6人。**「タイプの人が一人もいない……!」なんてこともザラにあるわけです。私も何度参加したか覚えてないくらい合コン経験がありますが、収穫はゼロ。その場は楽しいのですが、あまりにも収穫がないので次第に合コン疲れをしていきました。

そんな私にとって、全国各地の何百万人もの男性と出会えるマッチングアプリの存在は革命的といえるものでした。

マッチングアプリは理想に合った人を見つけやすい

まず、マッチングアプリの何が素晴らしいかというと、出会う前にあらかじめ相手の顔を見られるということ。「人は中身」とよく言いますが、どうしたって生理的に受け付けない外見の人もいますよね。「二重まぶたじゃないとイヤだ！」とか、「塩顔がいい」とか、譲れないポイントがある人もいると思います。

お互い写真を見た上で「アリだな」と思った人同士がマッチングするので、効率がいいんです。

しかも、顔だけでなく身長や年齢、年収といったスペックも確認することができます。だから、**リアルの出会いより希望の条件の人と出会える確率が高い**んですよね。

恋活・婚活だけじゃない！　マッチングアプリの可能性

マッチングアプリは恋愛のイメージが強いですが、使用するアプリによっては色んな使い方ができます。

彼氏を作りたい
結婚したい
異性の友人を作りたい
人脈を増やしたい
イケメンとデートしたい　などなど。

肩肘張らずに利用できるのが魅力なので、「彼氏がほしいのかわからない」「結婚したいのかわからない」という人でも気軽に利用してほしいなと思います。

マッチングアプリ向いてる度チェックシート

マッチングアプリを始めてみたいけれど、うまく使えるのか不安！ というあなた。ぜひ、このチェックシートで「マッチングアプリ向いてる度」をチェックしてみてくださいね。

□人見知りはしないほうだ
□気持ちの切り替えは早いほうだ
□失敗したら、なぜうまくいかなかったかを考える
□連絡はマメなほうだ
□フットワークは軽いほうだ
□人のいいところを見つけるのは得意なほうだ
□「自分の女性としての強みは？」と聞かれてすぐに答えられる
□理想は高くないほうだ

□好奇心旺盛なほうだ

当てはまった数〇個

【当てはまった数が7〜9個の人】

マッチングアプリ向いてる度100点

あなたはマッチングアプリの適性があります。きっと数ヶ月で素敵な人を見つけられるはず。まだ見つかってないとしても安心して。近いうちに良い出会いがあります。

【当てはまった数が4〜6個の人】

マッチングアプリ向いてる度70点

あなたはマッチングアプリに向いています。もしうまくいっていないとしたら、チェックのつかなかった項目を見直してみてくださいね。

【当てはまった数が0〜3個の人】

マッチングアプリ向いてる度40点

残念ですが、あなたはあまりマッチングアプリに向いていないかもしれません。

強いストレスを感じたり、疲れたりしていませんか？　義務感や無理は禁物です。

そんな時は無理して活動を続けずに、アプリ以外の方法も取り入れてみて。


いかがでしたか？

向いていなかった人も「やっぱり私、向いてないんだ」と諦めないでくださいね。

この本を読めば、きっとあなたもマッチングアプリを楽しんで使えるようになるはずです。

マッチングアプリ向いてる度チェックシート 解説編

「このチェック項目にはどういう意図があるんだろう?」と疑問に思った方のために、項目ごとに解説していきます。

□人見知りはしないほうだ

マッチングアプリは初対面の人と会うツールです。そのため、人見知りしない人のほうが向いていると言えます。

また、多くの人が**初回のデートでアリかナシか決める**ので、時間をかけないと自分らしさが出せないという人は、どうしても不利になってしまいます。

人見知りしてしまう人は、数をこなして慣れましょう。私も元々初対面の人と話すのが苦手でしたが、今ではテレビ出演した際にマツコ・デラックスさんを目の前にしてもまったく緊張しないほど物怖じしなくなりました。

□気持ちの切り替えは早いほうだ

マッチングアプリを始めたからといって、**すぐに素敵な相手が見つかる人ばかりではありません。**残念ですが、いいなと思っていた人と突然音信不通になってしまったり、ドタキャンされてしまったりということもあります。そんなことがあれば、誰だって落ち込むのは当然ですよね。

でも、そこで「**もうダメだ…**」**と諦めてしまうのはもったいない！**

99人会ってダメだったとしても、100人目の人が運命の人かもしれません。気持ちの切り替えが大切です。

□失敗したら、なぜうまくいかなかったかを考える

前の項目で「気持ちの切り替えが大切」と書きましたが、切り替え方も大切。うまくいかなかった時に「**ひどい！**」**と感情的になり、相手のせいにする人はマッチングアプリに向いていません。**なぜなら、**相手のせいにし続ける限り成長できない**からです。

うまくいかなかった時に自分の行動を冷静に振り返ることができる人は、たとえそのデートがうまくいかなかったとしても、最終的にご縁をつかむことができます。

余談ですが、とある恋愛ライターの方から**「マッチングアプリ婚活がうまくいった女性はなぜか営業職の人が多い」**という話を聞いたことがあります。

これは、彼女達が仕事の時と同じようにPDCAサイクル（Plan→Do→Check→Action）を回していたからなんじゃないかなと推測しています。うまくいかない原因を考える力がある人は、仕事も恋愛もうまくいくのかもしれません。

□連絡はマメなほうだ

マッチングアプリでは、お互いがいいねを送り合うとマッチングが成立し、2人だけのトークルームが作られます。どのアプリでも、メッセージを重ねてデートに行く流れを作らないと実際に出会えません。そのため、**連絡不精な人はこのメッセージの段階で苦痛を感じ、挫折してしまう可能性が高い**です。

中にはメッセージなしでデートができる「デーティングアプリ」もあるので、メッセージが苦手な人はぜひ積極的に活用してみてくださいね。

□フットワークは軽いほうだ

実際にマッチングアプリを利用したことがある人はわかると思いますが、**初対面の人と会うのはかなりのエネルギーが必要**です。特に「この人はなんか違うかも…」みたいな人と会うと、帰った後にどっと疲れが押し寄せてくるんですよね。そのため、**フットワークが重い人はマッチングアプリに向いていない**と思います。

出不精な人は「一ヶ月だけがんばる！」と期間を決めて利用したり、月に一人ずつのペースで会うなど、のんびり使うようにするのがオススメです。

□人のいいところを見つけるのは得意なほうだ

マッチングアプリを使っていると、どうしても男性を見る時に「**減点方式**」になりがち。希望の条件に当てはまっていないと、減点したくなってしまう気持ちはよくわかります。しかし、減点方式で相手の嫌なところばかりに着目すると「**またこの人も**

ダメか…」とマッチングアプリ疲れを起こしやすくなります。しかも、「ジャッジされている！」と男性が感じてしまった場合、せっかくのご縁を逃してしまうリスクもあります。そのため、**人のいいところを見つけるのが苦手な人は、意識して「加点方式」で見るようにしましょう。**

□「自分の女性としての強みは？」と聞かれてすぐに答えられる

マッチングアプリでは、**自分という「商品」の魅力をいかにアピールできるか**が大切。そのため、自分の女性としての強みをしっかり理解している必要があります。「家庭的」、「仕事への理解がある」など**「これだ！」と思える強みを少なくとも一つか二つは見つけておきましょう。**「考えても思いつかない！」という人は周りの友達に聞いたり、**強みになりそうなこと（男性人口が多い趣味など）**を始めてみたりすると良いと思います。

私の場合、ジムで筋トレをするようになってから、今まで接点のなかった筋トレ好きな男性とも話が弾むようになり、出会いの可能性が広がりました。

□理想は高くないほうだ

これは説明不要かもしれませんが、理想が高い人は苦戦します。

基本的には自分のレベルに見合った男性でなければ、マッチングできません。お付き合いするとなれば、さらにハードルは上がります。

マッチングアプリ利用者の男女比は、一般的に7：3から6：4と言われています。そのため、**女性はいいねをもらいやすく、自分の市場価値を勘違いしてしまう人も多いです。**

かくいう私も、お恥ずかしながら「あれ？　私、意外とモテるんじゃない？」と盛大に勘違いしていた時期がありました。

だからこそ声を大にして言いたい。

「マッチングアプリのいいねの数が多いからといって、モテているわけではない」と。

これを読んでいるあなたが、若くて芸能人並みに可愛いなら話は別ですが、もしそうでないなら「高望みしていないか?」と、常に客観的な視点を忘れないようにすることを強くオススメします。

□好奇心旺盛なほうだ

マッチングアプリは初対面の人との出会いの連続なので、好奇心旺盛な人のほうが長続きしやすいです。

自分と違うタイプの人と出会った時に「私とは違う」とシャットアウトするのではなく、「面白い」と思えるかどうかが大切です。

さあ、始めてみよう!

ここまで、「どういう人がマッチングアプリに向いているか」というお話をしてきましたが、とはいえ小難しいことばかり考えていても何も始まらない!

一歩を踏み出してみることが何よりも大切です。
自分がこれからどんな人と出会いたいか想像してみると良いと思います。
まずは次のページからの漫画を読んで、イメージをつかんでみてくださいね。

漫画でシミュレーション

いいじゃん〜！私の職場の人も最近アプリで結婚したって言ってたよ〜

そうなんだね！私もダウンロードしてみる！

アプリをダウンロードしたはいいけど、まず写真をアップロードしなきゃいけないんだな…

でも、どんな写真を載せたらいいんだろ、まいっか適当なので！文も適当に書いとこうっと
始めたばかりで使い方が
わかりませんが
よろしくお願いします。

いい恋愛をしてこなかったので
幸せにしてほしいです。

浮気をする方。

タバコを吸う方は無理です。

これでいっか〜

ちょっと待ったーー！

ガラッ
おじゃましマンボ！

ひいいい！

そんな適当な写真じゃダメですよ！

かしてみて！

あ、あなた誰!?

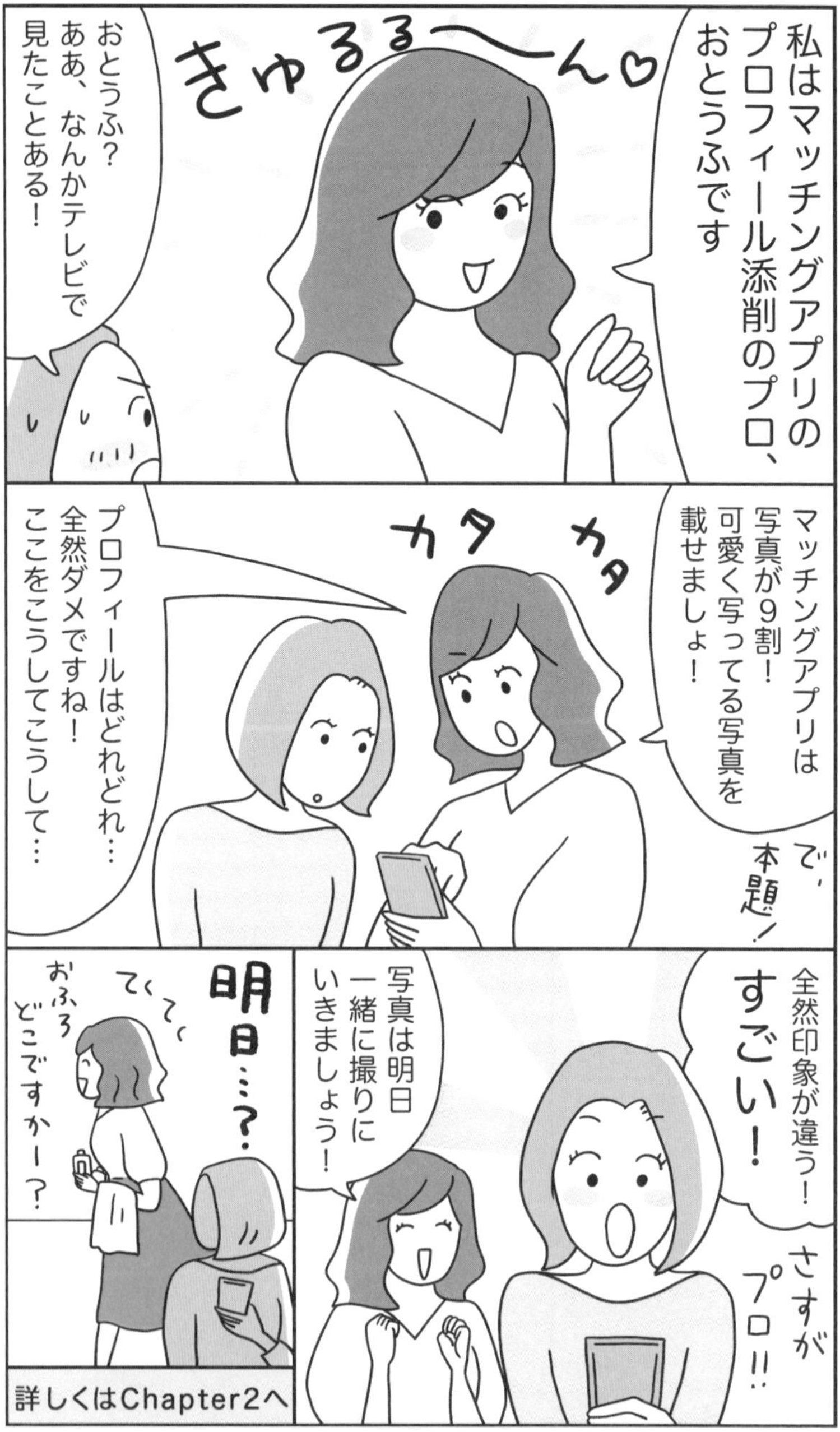
私はマッチングアプリのプロフィール添削のプロ、おとうふです
きゅるる〜ん♡
おとうふ？ ああ、なんかテレビで見たことある！
マッチングアプリは写真が9割！ 可愛く写ってる写真を載せましょ！
カタ カタ
プロフィールはどれどれ… 全然ダメですね！ ここをこうしてこうして…
で、本題！
全然印象が違う！
すごい！
さすがプロ!!
写真は明日一緒に撮りにいきましょう！
明日…？
てくてく
おふろどこですかー？
詳しくはChapter2へ

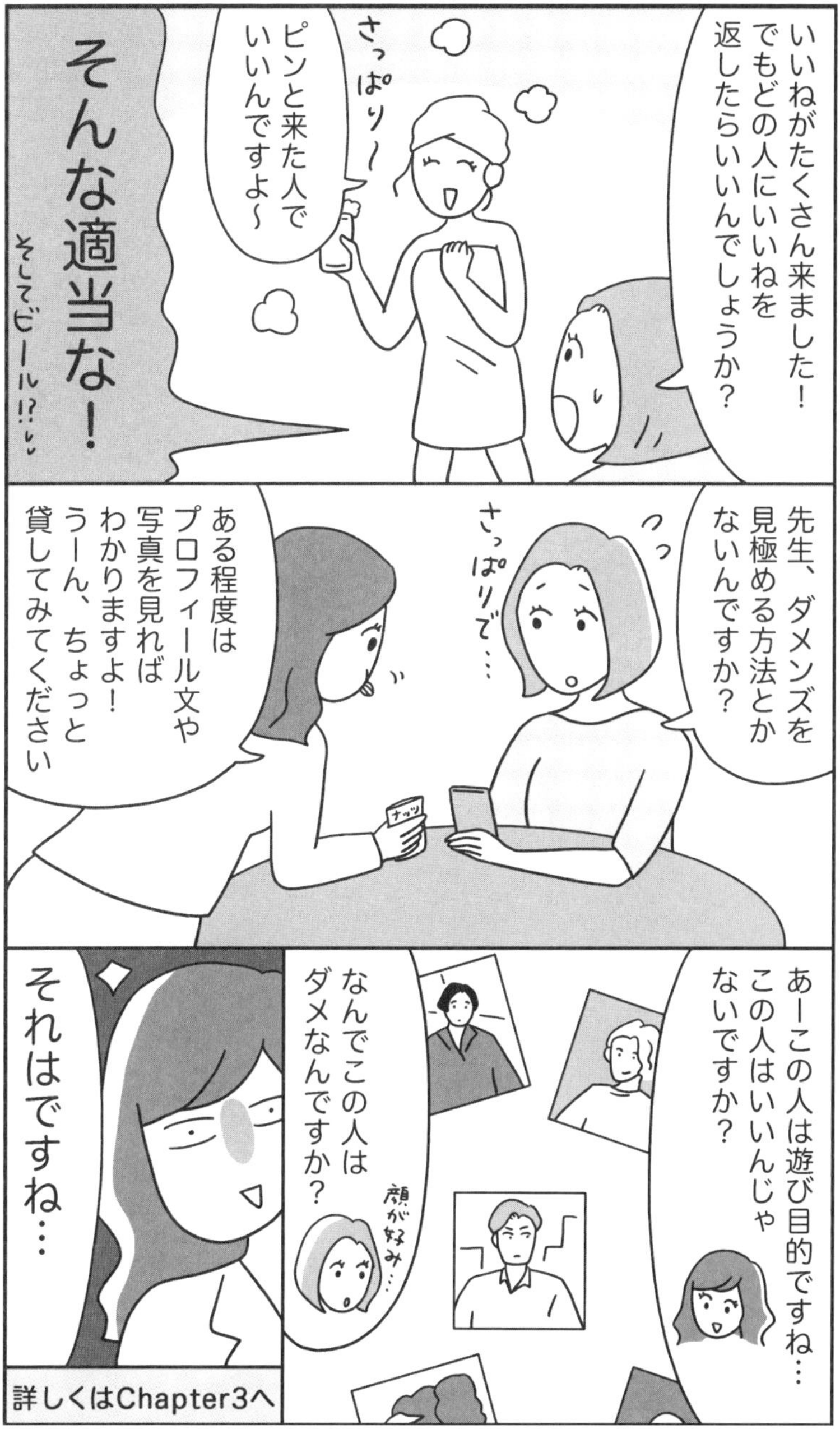

いいねがたくさん来ました！ でもどの人にいいねを返したらいいいんでしょうか？

さっぱり～

ピンと来た人でいいんですよ～

そんな適当な！

そしてビール!?

先生、ダメンズを見極める方法とかないんですか？

さっぱりで…

ある程度はプロフィール文や写真を見ればわかりますよ！ うーん、ちょっと貸してみてください
ナッツ
あーこの人は遊び目的ですね… この人はいいんじゃないですか？

なんでこの人はダメなんですか？

顔が好み…

それはですね…

詳しくはChapter3へ

翌日
笑って〜
カシャ
いいねー
カシャ
えっと…こんな感じでいいんですか？
見て見て！
うんうん、すっごくいい感じですね！
あ、昨日いいねを送った人とマッチングしてる！
メッセージ送ったほうがいいのかな…ま、いいか
いいえ、今すぐメッセージを送るべきです！
でもなんでですか？待ってたほうが真剣な人かどうかわかるんじゃ…
圧〜
送れオクレおくれ090お
OKURE送れ
オクレお
れ送れ
90おく
れオク
レ送れ
ひぃぃ
メッセージは自分からどんどん送りましょう！なぜなら…
詳しくはChapter4へ

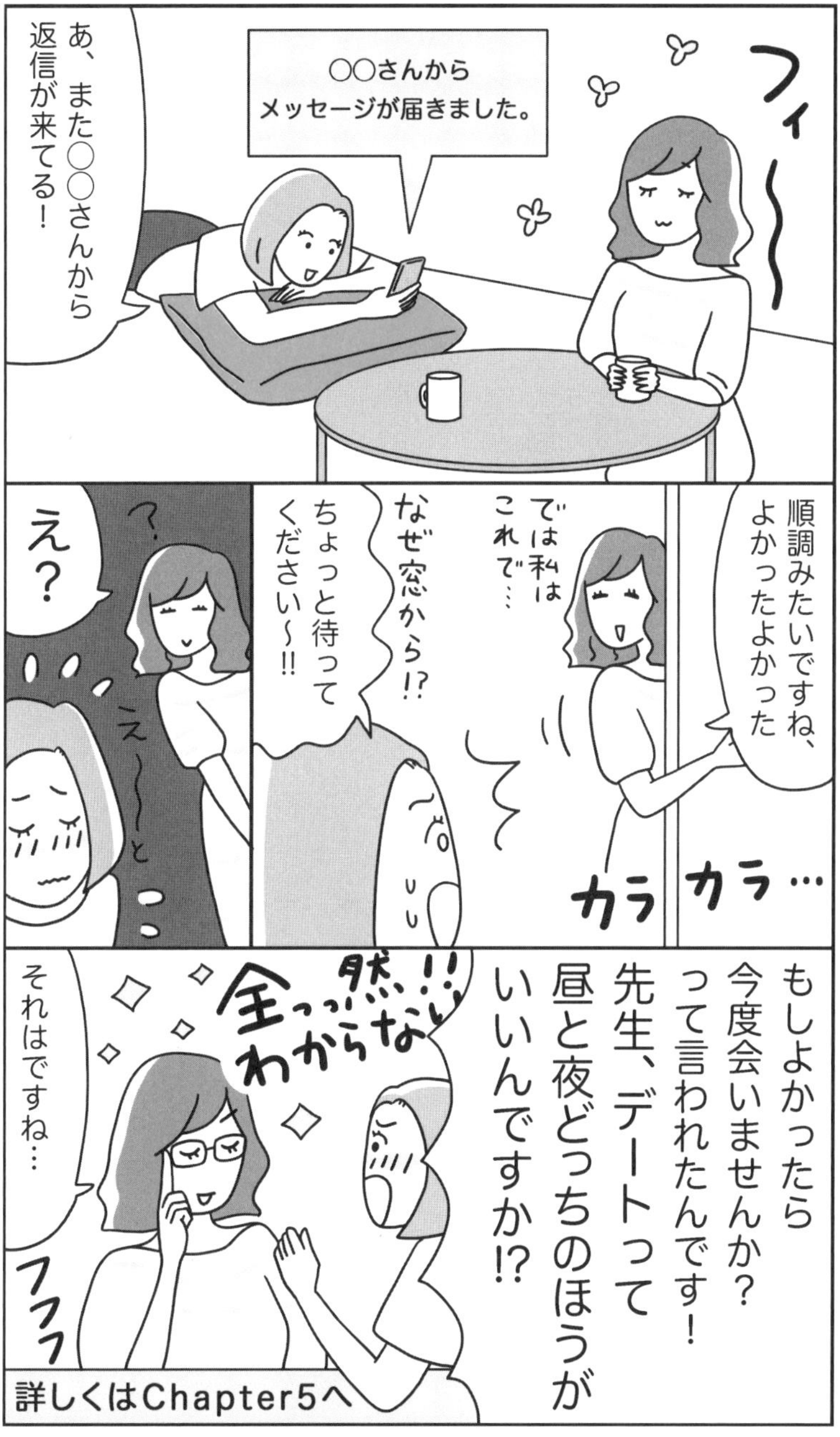
フィ〜〜
○○さんから
メッセージが届きました。
あ、また○○さんから返信が来てる！
順調みたいですね、よかったよかった
カラカラ…
では私はこれで…
カラ
なぜ窓から!?
ちょっと待ってください〜!!
え？
？
え〜〜と
もしよかったら今度会いませんか？って言われたんです！
先生、デートって昼と夜どっちのほうがいいんですか!?
全っっ然!! わからない
それはですね…
フフフ
詳しくはChapter5へ

いざ！デート当日
初めまして～
ペコ
初めまして～
キリッ
写真と違う…
モヤ
モヤ
行きましょうかっ
ハイッ
ちょっとお手洗いに行ってきますね
はいっ
ガタ
はぁ～
どうしたんですか？
せっかくのデートなのに
写真と違うし、身長も盛ってる気がするんです
今日はハズレかな～
うーん、本当にそうですかね？
え？
一緒にいて辛いですか？
いや、辛くはないですね
ドキドキもしないけど、嫌な感じはないというか
ビシッ
その感覚が大事ですよ！
実際にアプリで結婚された方も、最初からこの人だ！と運命を感じた人は少数なんですよ
詳しくはChapter6へ

後日
カタカタ
ブブブ
おとうふさんへ
先日はご相談に乗っていただいて
ありがとうございました。
実はあの日会った彼と今日が5回目のデート
だったんですが、なんと告白されて結婚を前提に
お付き合いすることになりました！
最初はイマイチだなーと思っていたのですが、
今では彼のことが大好きだしとても幸せです！
本当にありがとうございました。
おっ♪
あの時、思い切ってマッチングアプリを始めてよかった！
～終わり～

Chapter

1 アプリはこう使うべし！おとうふ流アプリの掟

アプリをダウンロードをしたものの、どう使えばいいの？　どんな人がうまくいくの？　いろいろわからないことだらけですよね。

ここではマッチングアプリで良い相手に巡り合うために、意識したほうが良いことや使い方のコツをお伝えします。

基本のキですので、見逃し厳禁です！

まずはじめに知っておいていただきたいのが、マッチングアプリには大きく分けて、**「スワイプ型」**と**「検索型」**の二つのタイプがあるということ。

写真を見て直感的にアリかナシかを判断していく「スワイプ型」と比べて、細かく条件を絞って相手を探せるので、一般的には「検索型」のほうが恋活・婚活に向いていると言われています。

そのため、この章では「検索型」アプリの使い方のコツや気をつけるべきポイントについて説明していきます。

其ノ一　検索条件はゆるめに設定しておくべし！

「普通の男性」と付き合えない理由

婚活している女性なら、一度はこんな風に考えたことがあるのではないでしょうか。

「高望みするな」と言うけれど、別に高望みしてるわけじゃない。なのにどうして「普通の男性」と付き合えないんだろう？

ズバリ答えましょう。

それは、**女性の求める「普通の男性」が少なすぎるから**です。

女性の言う「普通の男性」って独身男性の「平均値」じゃないんですよね。

以前とあるテレビ番組で**「婚活女性が定義する普通の男性」**が紹介されていました。

美容室は月1、2回通っていてスキンケアもばっちり、ジムに通っていて体も引き締まっていて、学歴はFランはイヤ、都内在住の場合は年収500万円以上、地方在住の場合は大手企業勤務か公務員。

これを聞いて**「え？　普通じゃない？　これがどうして高望みなの？」**と思った方は要注意。

想像してみてください。電車に乗っている男性や、街を歩いていて見かける男性の何割がこの条件すべてに当てはまっているでしょうか。学歴や年収は見ただけでは判断できませんが、外見をクリアしている男性の時点で、そう多くはないことが想像できるはずです。

さらに「独身で彼女がいない人」という条件を加えたら、いっきに該当している人数は絞られるでしょう。

実は、**婚活女性にとっての「普通の男性」とは「ナシ」判定している男性を除外した上での平均値**なのです。だから、「普通」を求めているだけなのに高望みになってしまうんですね。

マッチングアプリは「普通の男性」争奪戦

検索で指定できる条件は、「居住地」「身長」「学歴」「年収」などいろいろありますが、アプリ初心者の人がやってしまいがちなのが、この検索条件を厳しめに設定してしまうこと。もちろん、人それぞれ譲れない条件はあると思うのですが、ここには大きな落とし穴が隠されています。それは**「設定する条件はどの人もだいたい同じ」**ということ。

【よくある検索例】

身長170センチ（もしくは175センチ）以上、年齢35歳（もしくは30歳）まで、大卒、年収500万円以上、一人暮らし。

女性が気にするポイントって、だいたいこんな感じです。

その上、さらに「中の上以上の顔面偏差値」とか「清潔感がある」といった外見の要素が加わると、該当している男性はかなり限られてきます。

先ほども説明した通り、この条件すべてに当てはまっている男性って全然「普通」じゃないんですよね。だから、検索条件はゆるめに設定しておく必要があるんです。

「クラスで3番目に可愛い子くらいでいい」と言う男性達

こういうことを言うと**「私は人並み以上なので、人並み以上の男性を求める権利がある」**と主張する女性がいるのですが、ちょっと待ってほしいのです。

残酷な話ですが、**男性は女性が思っている以上に「外見」と「年齢」で選んでいます。**

だから自分では「私は可愛いほうだ！」と思っていても、男性からすると「ナシではないかな」くらいのレベル感だったりするんですね。

ＳＮＳやＡＶ業界の発展により、男性にとって「若くて可愛い女の子」の存在が、以前よりも精神的に身近なものになりました。そのためか、**目が肥えてしまっているメンクイな男性が多い**なと感じます（これは女性にも同じことが言えると思います）。

今まで６００人以上の男性に好みの女性をヒアリングしてきましたが、皆、口を揃えて**「若くて可愛い子がいい」「美人がいい」**と言います。

「クラスで3番目に可愛い子くらいでいい」と言ってくる人も少なくありません。

男女共に、いかに異性に求める外見レベルが高くなってきているかおわかりいただけるでしょうか。

リアルの出会いでの恋愛であれば性格の部分でカバーできるかもしれませんが、マッチングアプリでは女性としての市場価値をシビアに見られると覚悟しておきましょう。

椅子のない椅子とりゲーム

「はじめに」でも触れた通り、マッチングアプリ利用者の男女比は7：3から6：4と、男性のほうが多いのですが、実際には**ごく一部のモテ男性をほとんどの女性が狙っているので、希望条件の人とお付き合いするのは非常に難易度が高い**んです。

実は、目に見えないだけで**「少ない椅子の奪い合い状態」**になってるんですよね。

だから**条件はゆるめに設定しておいたほうが成功する可能性が高くなります。**

検索条件って深く考えずに設定してしまいがちですが、だからこそ自分にとって**「絶対に譲れない条件」と、「ここは譲れるという条件」**をハッキリさせておくことが成功のカギです。

其ノ二「見えないライバル」を意識すべし

他にも、マッチングアプリで見落としがちな罠があります。
それは**「どんなライバル」**が**「どれくらい」いるのかが目に見えない**ということです。

リアルの出会いだと**「隣の部署のA子さん、あの人と良い感じらしいよ」**みたいな噂話が流れてきたり、合コン中に女子トイレで**「ぶっちゃけどの人がいいと思った!?」**みたいなガールズトークが繰り広げられたりするので、なんとな〜くですがライバルの数やライバルのスペックを知ることができます。

ところが、マッチングアプリだとどうでしょう。

相手の男性が**自分以外の女性と何人同時並行しているのか、他にやりとりしている女性はいったい何歳で、どんな外見で、どんなタイプなのか**といった詳細な情報を入手する術が一切ありません。

だから、リアルの出会いだったら話しかけるのをためらってしまうような素敵な男性に、良くも悪くもアタックできてしまう。

しかも悲しきかな、男性のほうが「生理的に無理ではない（イケる）ゾーン」が広いので、**分不相応な相手ともマッチングできてしまう**んです。

言葉を選ばずに言うと、「一夜限りの関係ならアリだけど、付き合うのはナシ」みたいなモチベーションで相手がいいねしてきているのに、「付き合えるかも！」と勘違いしてしまっているケースもあるということです。

そうならないためにも、常に**自分の市場価値をシビアに客観視することが大切**です。

其ノ三　コンプレックスは「チャームポイント」と思うべし

「はじめに」でも触れましたが、私は昔から自分の外見に自信がありませんでした。頭の先から爪先までコンプレックスだらけで、鏡を見るのが本当に苦痛でした。

大学卒業後は就職せずに東京でガールズバンドをやっていたのですが、当時インターネットの掲示板には、私の外見に関する誹謗中傷がこれでもかと書かれていました。

他のメンバーと比べて人気がなかったこともあり、さらに外見コンプレックスは強くなっていきました。

しかしマッチングアプリを始めて、考え方が変わりました。

自分ではコンプレックスだと思っている部分が、相手に刺さる場合もあるということ

とを知ったからです。

万人に刺さらなくてもいいんだ。

そう気づいて、なんだかホッとした瞬間でした。

そして、少しずつ「こんな自分も悪くないな」と思えるようになってきたのです。

今でも外見に自信があるわけではありませんが、自信のない部分もひっくるめて今の自分が大好きです。

「コンプレックス」はあっていい。チャームポイントくらいに思っておけばいいんです。

どうか「どうせ私はブスだから…」と自分で自分に呪いをかけないでくださいね。

其ノ四　アプリは複数登録しておくべし

マッチングアプリは、女性は基本的に無料で利用できます。出会いのチャンスを広げるために、アプリは複数登録しておくと良いでしょう。**なぜなら、アプリによって**

登録している男性の傾向がまったく異なるからです。

恋活ならスワイプ型のアプリを入れてもいいですし、婚活なら女性有料のアプリもオススメです。女性有料のアプリは登録者数が少ない分、たくさんの人と出会いたい遊び目的の人が寄ってきにくいからです。

アプリはいくつ登録しても問題ありませんが、**いいねやメッセージを確認しきれなくなる可能性があるので、2〜3個までにしておくのが良いでしょう。**

「どんなアプリを使ったらいいかわからない！」という方は、公式HPを読んだり、直感で魅力を感じたものから始めるといいかもしれません。ぜひ、自分に合いそうなものを見つけてみてくださいね。

Chapter

2 理想の彼と出会うためのプロフィールの作り方

マッチングアプリをする上で、プロフィールはかな～り大切。ここを適当にしてしまうと、次のステップに進めなくなってしまいます。

とにかく印象づけるためのノウハウをここでは存分にお伝えするので、ぜひ参考にしてみてください。

プロフィールに力を入れて、素敵な方とマッチングしましょう！

写真が9割

私はプロフィール添削の仕事をしていますが、マッチングアプリは**写真のほうが重要**だと考えています。

極端な話、**写真が9割**と言っても過言ではないと思います。

逆の立場で考えてみるとわかりやすいのですが、写真の時点で「ナシだな」と感じた男性のプロフィール文をわざわざ読むでしょうか？

読まないですよね。

それは男性も同じ。まず写真を見て、プロフィール文を読むかどうか、いいねを押すかどうかを判断しています。だから「写真が9割」なんです。

「え？　結局顔が大事ってこと？　じゃあこの本を読む意味ないじゃん」と、本を閉じようとしているそこのあなた、ちょっと待ってください。

写真が大事というのは、顔の造形のことだけを指しているわけではありません。

全体の雰囲気や、表情、髪型や服装など、一口に写真と言ってもさまざまな要素があります。

マッチングアプリのご相談に乗っていると、「もっとよくできるのに！」と思うような**惜しい写真を載せている女性がめちゃくちゃ多い**です。

もしそんな惜しい写真を載せているせいで、素敵な出会いのチャンスを逃してしまっているとしたらもったいないですよね。

なので、この章ではどんな写真を避けるべきで、どんな写真を載せるとマッチング率が上がって理想の人と出会いやすくなるのかについてお話ししていきます。

マッチングアプリ攻略において最も大事な部分なので、読み飛ばさずにしっかりチェックしてくださいね。

―マッチングしやすくなる写真選び―

ポイント①「親しみやすい写真を選ぶ」

外見に自信がない人でも人気会員になれる理由

「ぶっちゃけマッチングアプリって、可愛かったらいいいねがたくさん来るんでしょ？」

と思いますよね？

私もそう思っていました。

しかし、それは半分正解で半分間違いです。

可愛いだけじゃダメなんです。

「え？　可愛いだけじゃダメってどういうこと!?」と頭に大量の？が浮かんでいる人もいるかと思います。

実は、これをわかっているかどうかでマッチングアプリがうまくいくかどうかが決まると言っても過言ではありません。

それくらい大事な写真選びのポイント、それは**「俺でもイケる感」**です。

「高嶺の花」はモテない

男性は女性が思っている以上に繊細な生き物。

脈のない相手にアタックできる人ばかりではありません。

極端な話ですが、男性は脈がなさそうな女性のことは可愛く思えないのです。

美人だな〜とか、キレイだな〜と思っても、隙がなさそうな女性には自分からいこうと思えない。

いわゆる**「高嶺の花」**の女性にはアプローチしようと思えないんです。

特にマッチングアプリは恋愛に自信がない奥手男子が多いので、「俺でもイケる」と思わせないといけないんですね。

試しに男性側のマッチングアプリの画面を見せてもらうとわかりますが、**人気会員の女性が必ずしも「美人」だったり「可愛い人」ばかりではない**ことに驚くはずです。

ハイスペと美男美女限定のマッチングアプリは例外として、それ以外のアプリでは実は**顔の美醜はそこまで重要ではありません**。

むしろ、美人すぎると「業者なのでは?」と怪しまれたり、「俺なんかがいいねしてもどうせ振り向いてもらえないし」と、男性がいいねを躊躇してしまったりするリスクもあります。

女性でも、「イケメンすぎると浮気されちゃうんじゃないかと思って心配」と言う方がいますが、あれに似た現象なんじゃないかと思います。

実際に、ぱっちり二重の王道イケメンより、顔がはっきり写っていない塩顔の雰囲気イケメンのほうがマッチングアプリでは人気だったりします。

Chapter1の「クラスで3番目に可愛い子くらいでいい」の部分にも通じてきますが、多くの男性はモデル級の美人ではなく、親しみやすさのある女性を求めているのかなと思います。

漫画やアニメなど二次元の世界では「ツンデレ」というジャンルがありますが、マッチングアプリでは「デレ」をアピールするチャンスがないので、ただの嫌な感じの女になってしまいます。

なので、写真を選ぶ時にはなるべく親しみやすい印象の写真を載せるようにしましょう。

「俺でもイケる」感の正体

では実際に、どのようなポイントを押さえたら「俺でもイケる」と思ってもらえるような親しみやすい雰囲気になるのでしょうか。

一番大切なのは、なんと言っても「笑顔」。

昔から「男は度胸、女は愛嬌」と言われますが、これは本当です。

毎回ご相談者の方に、好きな異性のタイプを聞いているのですが、「よく笑う人」とか「いつもニコニコしている人」と答える人の多いこと。

「いつも笑ってるのとか無理だし疲れるわ！」とツッコミを入れたくなりますが、それくらい男性は笑顔の女性を好むようです。

職場や学校でも、仏頂面の人には話しかけにくいですよね。柔らかい表情の人のほうが話しかけやすいはず。マッチングアプリでもこれは同じです。

しかし、笑顔と言っても**目が線になるほどの100％の笑顔である必要はありません。**なぜなら笑いすぎると、どんな顔をしているのかがわかりづらくなってしまい、いいねをもらいにくくなってしまうからです。

100％の笑顔はデート中に時折見せるくらいがちょうどいいです。

プロフィールに載せるのは、笑っていることがハッキリわかるくらいの、笑顔度50％から80％くらいがベスト。

笑顔で「来ていいんだよ～ウェルカムだよ～」を表現すること。

これが「俺でもイケる」感の正体です。

チークやリップなどで
血色良いメイクにすると◎

50％の笑顔

80％の笑顔

100％の笑顔

ポイント②「デートを想像させる写真」を載せる

「こんな子と付き合えたらいいな」と思わせる

よりマッチング率を上げたい時は、デートを想像させるような写真を選ぶのがポイント。

「こんな子と付き合えたらいいな」と妄想をかき立てるような写真を載せましょう。

カフェでご飯を美味しそうに食べている写真、浴衣姿の写真、テーマパークで撮った写真、旅行先で撮った写真など、とにかく「一緒に過ごしたら楽しそう」と思ってもらえるような写真を載せるのが大切です。

余談ですが、マッチングアプリの男性向けの広告は、このポイントを押さえていることが多いです。水着ではしゃいでいる写真や、あざとい上目遣いの写真など、

女性からすると「やりすぎでは？」と思うような写真が満載なのですが、男性がどういう写真を好むのか研究し尽くされているので参考になります。

ポイント③「男ウケの良い服装」で写真を撮る

男ウケの良い服装とは？

大前提としてお話ししておくと、ぶっちゃけ**どんな服を着ようが個人の自由**です。ただ、この本を読んでいるということは、少なくとも「マッチングアプリでいい人を見つけたい」と思っている方だと思うので、「マッチング率を上げるためにはどんな服装をしたら良いか」についてお話ししていきたいと思います。

まず、一番大切なのは**「女性らしさ」**。

この令和のご時世に女性らしさがどうのという話をしたくありませんが、残念ながら男性達の感覚は昭和から変わってないようです。

ざっくり言うと、**パンツよりもスカートのほうが男性ウケが良い**ということです。

一般的にも認知されているイメージですが、これはマッチングアプリでも同じです。

女性らしい服装で写真に写っているユーザーのほうが人気が出やすい傾向があります。


実際に私のクライアントさんでも、女性らしさが伝わる色合い・素材・形の服装で写真を撮り直したところ、飛躍的にマッチング率が上がった例があります。

ちょっとしたことに気をつけるだけで男性の反応が変わるので、ぜひ今からご紹介するポイントを押さえてみてくださいね。

その服は男性も着られるか？

「女性らしさ」が大切と言っても、じゃあ具体的にどんな服装をしたらいいのかわからないという方も多いと思うので、アリかナシかのわかりやすい指標をご紹介します。

それは「**男性が着られる服装かどうか**」です。

近年ではユニセックスな服も増えてきましたが、それでも女性にしか着られない（着こなせない）服というのが存在します。

もし、男性が着ても違和感がないのであれば、それはマッチングアプリには不適切な服装です。

例えばマウンテンパーカーやダボッとしたパンツ。

男女でサイズが違うのでそのまま着るというわけにはいきませんが、男性が着てもそこまで違和感はないはずです。

では、ボレロやワンピースはどうでしょうか。

一部の可愛らしい男子は例外として、男性が着ていたら違和感を覚えるはずです。

このように、マッチングアプリの写真はできる限り**「男性が着ていたら違和感を覚える服」**を選ぶようにすることが大切です。

女性しか着ないデザインの服だからこそ、異性として意識しやすいのだと思います。

その際にぜひ意識してほしいのが、ボディーライン。女性らしい胸やくびれなどのラインがきれいに見える服を選ぶようにするのもポイント。

「ボーイッシュな服装の女性が好き」という男性の本音

もちろん、「ボーイッシュな服装の女性が好き」という男性もいるので、そういう男性を狙うのであれば女性的な服装でなくても構いません。

しかし、これには大きな落とし穴があります。

彼らが求めているのはあくまでも**「可愛い子がボーイッシュな服装をしている」**というギャップです。

彼氏のダボッとしたシャツを着ている女子可愛いみたいなアレですね。

そりゃモデルや女優なら何を着ても可愛いです。パーカーにデニムでも可愛いに決まってるでしょう。

でも我々一般人が同じ服装をすると、どうなるか？

最悪の場合「スーパーにいる疲れた主婦」みたいになってしまう可能性もあります。

カジュアルすぎる格好、地味な格好はよほど可愛くない限り成り立たないと心得ておきましょう。

また、形だけでなく、服の色も重要です。**モノトーン、ネイビー、カーキ、深いグリーン、グレーなど、メンズっぽい色合いの服はなるべく避けるのがベター**です。どうしても使いたい場合は、素材や形、アクセサリーなどで女性らしい要素をプラスすることをオススメします。

パステルカラーや鮮やかな色は、華やかで女性らしい印象を与えられる上に、目を引きやすいので一石二鳥です。

素材も、シースルー、レース、シフォンといった**メンズファッションで使われない素材がオススメ**。柔らかそうな、触りたくなる生地を選ぶのがコツです。

オトナ女性の注意点

アラフォー以上のオトナ女性は、あまり鮮やかな色を選ぶと肌の色がくすんで見えたり、柔らかな素材を着るとかえって老けて見えたりすることがあるので注意が必要です。

また、小花柄は若作りしている印象になる可能性があるので、避けるのが無難。どうしても着たい場合はモノトーンや二色使いのものを選ぶようにすると洗練された印象になりますよ。

迷ったら自分と近い年齢の女子アナファッションを参考にすると、失敗しにくいと思います。

とはいえ、おしゃれな男性はトレンド感のある服装の女性が好きだったり、中性的な男性は同じく中性的な女性を好んだりすることもあるので、ご自身の狙いたいターゲット層に合わせて服装を選んでみてくださいね。

中にはあえてギャルっぽい服装で写真を撮ることで、モテない男性やおじさんを引き寄せないようにしている強者もいるようです。

ポイント④「第三者に選んでもらう」

盛れてると思う写真が必ずしもいいとは限らない

最強に盛れたメイク、最強の角度、最強のライティングで撮った渾身の自撮り写真。「これは盛れてる！」と思ったのに、案外周りからは不評なことってありませんか？

反対に、自分では「写りがイマイチだな…」と思っていた写真が「可愛いじゃん！」と言われて複雑な気持ちになったり。

なぜこうしたことが起きてしまうのでしょうか。


それは、自分で写真を選ぶと**「コンプレックスが目立たない」写真を選んでしまう**から。

例えば私の場合は、目が小さいのがコンプレックスなので、できるだけ目が大きく見える写真を選びたくなるのですが、その観点で写真を選ぶと不自然な表情になってしまったり、目が笑っていない「作り笑顔感」満載の写真を選んでしまいがちです。

もちろん、LINEのアイコンやSNSにアップする写真はこのような「コンプレックスが目立たない」写真でも問題ありません。自分さえ気に入っていればOKだからです。

しかし、マッチングアプリの場合は「コンプレックスが目立たない写真」よりも、「自分の魅力が最大限際立つ写真」を選ぶべきです。

自分が気に入っていても、ターゲットの男性にいいなと思ってもらえないことには話が始まらないからです。

実はコンプレックスって言葉にしなければ案外わからないものなので、あまり気にしすぎなくても大丈夫。第三者から見るとメリハリのある美脚なのに、本人は「足が太いのがコンプレックスだから…」と丈の長いスカートばかり穿いていたり、なんてこともよくありますよね。

反対に、自分では長所だと思っている部分も第三者からすると「別にそうでもないかな」みたいなことも。

自分の感覚を過信しないようにすることが大切です。

ポイント⑤「イマイチな写真」は抹消する

「盛れてない写真も載せておいたほうがいい」はウソ

これ、やってしまっている人が非常に多いのですが、盛れてる写真を載せるよりも、イマイチな写真を載せないことが実はか～な～り大切です。

「会った時にガッカリされないように盛れてない写真も載せておきましょう」というアドバイスをネットで目にしたことがあるのですが、絶対にやめたほうがいいです。

それはなぜか。

例えば3枚写真が載っていたとして、①盛れてる写真、②普通の写真、③盛れてない写真があったら、その人の印象ってどの写真になると思いますか？

真ん中の②？

いいえ、**③盛れてない写真の印象になる**んです。

これを心理学用語で「**ネガティブ・バイアス**」と言ったりします。

「複数の情報があった時、**ネガティブな情報のほうが印象に残りやすい**」というものです。だから、どんなに1枚目の写真が良くても、イマイチな写真があると「やっぱりやめておこう…」となってしまうんですね。これってすっごくもったいないことだと思いませんか？

私自身アプリをやっていた時に、**男友達に「この写真、消したほうがいいんじゃない？」と言われてその通りに写真を消したところ、いいねが殺到**した経験があります。

私は「可愛く写っている！」と思っていたので、「この写真のせいでいいねが来なかったんだ…」と気づいて大きなショックを受けたことを覚えています。

どの写真を載せるかより、どの写真を載せないかが大切。

会った時にガッカリされるのがイヤ、という人は自然に盛れている写真だけ載せるようにしましょう。

自然に盛るテクニック

・足の太い部分を見せない
・顎周りに手や物を置く
・眩しすぎる太陽光の下は影ができて盛れないので避ける
・歯並びやスマイルラインが気になる人は口を閉じる
・俯いた写真は小顔効果◎
・体のラインが綺麗に見える服装＋角度（S字ライン）

ポイント⑥「NGパターン」を避ける

人によって盛れる角度や、魅力的な表情は違いますが、「これを載せたらマッチング率が下がる!」というNG写真にはいくつかの共通点があります。

それらのポイントを意識して避けるだけでも、今までマッチングしなかった人とマッチングできるようになるので早速チェックしていきましょう。

NGパターンその1「顔がはっきり写っていない」

ぶっちゃけ顔が写っていなくてもいいねは来ます。なんなら猫の写真でも来るし、写真が未登録の状態でも来ます。

それはなぜかというと、残念ながら「女なら誰でもいい」みたいな人が一定数いるからなんですね。

つまり、顔が写っていなくてもいいねしてくるような人はよほどモテなくて困っている人です。

もちろん「そういう男性でもウエルカムだよ!」というスタンスであれば止めはしませんが、**顔がはっきり写っていない=やる気がない・モチベーションが低い**と思われるリスクがあります。

可愛い女の子がたくさん登録しているのに、**わざわざ顔がわからない人にいいねを送る人は少数派**と考えておくべきでしょう。

同様の理由で、

「プリントシール」

「ドアップすぎる自撮り」

「過度なアプリの加工」

「画質の悪い写真」もNG。


実際の顔が想像できない写真は、敬遠されやすいです。


真剣にアプリを利用している男性とマッチングしたいのであれば、しっかりと顔の見える写真を選びましょう。

どうしても顔を出したくない人は、いいねを送った人にしかプロフィールを表示させないオプション機能を利用することをオススメします。

NGパターンその2「自撮り写真」

これは男性にも同じことが言えますが、自撮り写真はできるだけ控えましょう。

自撮り写真でもいいねは来るのですが、男性によっては**「メンヘラっぽい」「地雷**

臭がする」といったマイナスの印象を受ける場合があるためです。特に、**30代以上の女性は「痛い」と思われる可能性が高くなるため、注意が必要**です。

可能であれば、友達や家族に撮ってもらった写真を載せるようにしましょう。**他撮り写真にすることで顔の造形がはっきりわかるため、相手に安心感を与えることができます。**

「撮ってくれる人がいない！」という人は、マッチングアプリ専門のカメラマンに依頼するのも一つの手です。私は、人に頼むのが恥ずかしかったのでキッチンにスマホ用の三脚を立てて「料理を作ってる風の写真」を撮って使っていました（笑）

NGパターンその3「複数で写っている写真」

先ほど「自撮り写真はNG」と書きましたが、他の人に撮ってもらった写真であればなんでも良いわけではありません。実は**集合写真やツーショット写真など、自分以外の人が写っている写真を載せるのはNG**です。

理由はいくつかあります。

まず、他の人の顔が写っている場合、どれが本人なのかわからず相手が混乱してしまうこと。また、他の人の顔を晒しているモラルのなさを疑われてしまうからです。

もしスタンプで友達の顔を隠していたとしても、あまり見栄えが良いものではないので載せないに越したことはないです。

どうしても使いたい場合は、自分だけをトリミングして使いましょう。ただし、元カレなど男性と一緒に写っている写真は、トリミングしても横にいるのがバレてしまい印象が悪くなるリスクがあるので、なるべく使わないようにしましょう。

NGパターンその4「子供と写っている写真」

男性でも子供と写っている写真をアップしている方がいますが、「子供と写っている写真」はなるべく避けたほうが良いです。

理由はシンプルで、「シングルマザーなのかな?」と思われていいねをもらいにくくなるから。シングルマザーが悪いというわけではありませんが、残念ながら不利になりやすいのが事実です。仮にプロフィール文に「甥っ子（姪っ子）です」と書いてあっても、疑われてしまうケースがあります。そのため、未婚の方は誤解を招く写真を載せないようにするのが無難です。

可愛い姪っ子や甥っ子の写真を載せたくなる気持ちはわかりますが、マッチング率を上げたいのであれば控えましょう。実際にシングルマザーの方の場合も、1枚目は「自分一人で写っている写真」がオススメ。どうしても載せたい場合はサブ写真として載せるのがオススメです。

―理想の人と出会えるプロフィール文の作り方―

男性はプロフィール文を読んでいない⁉

「マッチングアプリのプロフィール添削の仕事をしている」と言うと、**「ぶっちゃけ女は顔でしょ。男はプロフィール文なんて読んでないよ」**と言われることがあるのですが、写真が完璧なら理想の人と出会えるかというとそうではありません。

もちろん、**プロフィール文を一切読まない男性も一定数存在しますが、それは「遊び目的」で利用している人の話**です。

彼らは可愛いかどうか、ヤれそうかどうかを見ているだけです。

一方で、**真剣に出会いを探している男性はきちんとプロフィールを読んでいます。**

真剣に交際できる相手を探しているわけですから、「趣味が近い」「話が合いそう」などと相手の人となりに興味を持つのは自然なことですよね。

私がマッチングアプリで都道府県別1位だった時も、プロフィール文に触れている「メッセージ付きいいね」がたくさん届きました。

「男性は写真しか見ていない」と思われがちですが、意外と男性もプロフィール文を読んでいるのです。

前述した通り、**「写真が9割」なのは事実**なのですが、だからといってプロフィール文をないがしろにして良いわけではありません。

出会いのチャンスを逃さないためにも、注意すべきポイントを押さえて、あなたの魅力を最大限に引き出すプロフィールを作っていきましょう。

―良いプロフィール文を作るための心得―

その① 減点要素をなくすべし

「わかってほしい感」が強いプロフィールはNG

プロフィール作りは、加点を狙うよりも**減点要素をなくす**ことのほうがはるかに重要です。

どんなにいいことが書いてあっても、減点要素のある文章が入っていると台無しになってしまうからです。

では、その減点要素とはいったい何かというと、ズバリ、「**わかってほしい感**」です。良いプロフィールを作るには「わかってほしい」という気持ちを捨てることが重要です。

例えば、男性のプロフィールに「**恋愛経験がありません**」と書いてあるのを見てどう感じるでしょうか。

「真面目そう」「一途そう」などポジティブな印象を抱く方もいるかもしれませんが、「頼りない」「モテない」など、**ネガティブな印象を抱く方のほうが多い**のではないかと思います。

女性からすると「なぜわざわざアピールした？」と感じるような文章ですが、少しでもハードルを下げておきたいという気持ちから、このような文章を書いてしまう男性は非常に多いです。

実は、このように、**「書かないほうがいいこと」をプロフィールに書いてしまうのは、男性だけに限ったことではありません。**

女性でも、「わかってほしい」という気持ちが強すぎるあまり、書かないほうがいいことを書いてしまっている人がたくさんいるのです。

「〇〇はNG」など、ネガティブな文章を書かない

実際によくある例だと、

「タバコを吸う方はNG」

「ヤリモクお断りです」

「浮気する人無理です」など。


事実だとしても、これを書くことによって得られるメリットは一つもありません。

文章の否定ワードに引っ張られて、一気にネガティブな印象になってしまいます。

また、

「〇〇は食べられません」

「〜は嫌いです」

のように、具体的に苦手なものを羅列する方もいますが、絶対にやめたほうがいいです。「神経質そう」「面倒くさそう」など、ネガティブな印象になってしまいます。

少し厳しい言い方になりますが、「**私は難ありのアウトレット商品です**」と言って

いるようなものです。

また、「もらったいいね全部見てます」「たくさんのいいねありがとうございます」などの人気をアピールするような文章も「お高くとまっている」とマイナスの印象になることがあるので気をつけてください。

特に、30代以上の女性は要注意。残酷な事実ですが「いつまで選べる立場だと思ってるの?」と感じる男性もいるようです。

自分の価値を下げるようなことはわざわざ書かないようにしましょう。

どうしても苦手な人やものを避けたい場合は、プロフィールに書くのではなく、メッセージをやりとりする中で確認するのがオススメです。

「相手への要望」は書かないようにしよう

「◯◯はNG」系の文章にも通じますが、**相手への要求ばかりで受け身な印象を抱かせる文章**も減点要素の一つです。

「エスコートが上手な方に惹かれます」
「リードしてくれる人がタイプです」
「楽しませてくれる方が好きです」
「年収1000万円以上の方を希望します」
「イケメン高身長以外はいいねしないでください」

中には「え？　こんなこと書いてる人いるの？　冗談でしょう」と思うような文章もありますが、これらは実際にマッチングアプリでよく見られるNG例です。

これらの文章は、「受け身でえらそう」「一緒にいて疲れそう」など、男性からするとマイナスの印象にしかなりません。

例えば、逆の立場で考えてみてください。
もし男性が「〇カップ以上の女性を希望します」とか「家事が得意な女性と出会いたいです」と書いていたらどう感じるでしょうか。

仮に条件に当てはまっていたとしても、いいねを押したくなくなりますよね。

それは男性も同じです。


よほど人気会員でいいねの数を減らしたい人以外は、相手への要望は書かないことをオススメします。

どうしても書きたい場合は、

「お互い自然体でいられる人と出会いたいです」

「美味しそうにご飯を食べる人がタイプです」

など**外見やスペックに関係のないことや、相手にプレッシャーを与えないことを書くのがオススメ**です。

遊び目的の人を引き寄せてしまうプロフィール
「いい恋愛をしてこなかったので幸せになりたいです」

女性のプロフィールを見ているとこういう文章をよく見かけます。

しかし、実はこれ遊び目的の人を引き寄せてしまうプロフィールなんです。同情を引こうとしているのかもしれませんが、**「今まで大事にされてこなかったんだろうな。その程度の女性なんだな」**と思われてしまい逆効果。かえって遊び目的の人を引き寄せてしまいます。

同じ理由で「ヤリモクの方はご遠慮ください」もNG。ヤリモクの被害に遭ったことがある＝「俺もイケる！」と思われてしまうんです。

また、

「押しに弱いタイプです」

「ぐいぐい来てください」

などといった言葉もヤリモクホイホイ。

これらの文章を書くのは、**自分で自分に値引きシールを貼るようなものです。**

絶対に書かないようにしましょう。

そのカミングアウト、本当にプロフィール文で必要ですか？

もう一つ、注意してほしいことがあります。

それは過去の辛い経験や持病についてなど、深刻な内容をプロフィールに記載することです。

「どうしても書きたい！」というのであれば止めはしませんが、出会いの可能性を広げたいのであればやめるべきです。

こうお伝えすると、「**私は相手のためを思って正直に書いてるんです！**」とおっしゃる方もいます。しかし、果たして本当にそれは相手のためでしょうか。

「**早く言いにくいことをカミングアウトして、ラクになりたい**」

「**自分のすべてをありのまま受け入れてほしい**」

このようなエゴはないと100％言い切れるでしょうか。

もし言い切れないのであれば、もう少し親密になってから打ち明けても遅くはないと思います。

親しくなってから言いにくいことをカミングアウトするのは勇気のいることですし、「拒絶されたらどうしよう…」と不安になる気持ちもよくわかります。

私もかつてはそうでした。

いまだに親しい友人にも言えない過去があります。

「本当のことを正直に告白したら、誰も自分のことを受け入れてくれないのではないか？」とずっと悩んでいた時期もありました。

その時は**「相手にすべてを打ち明けることが誠実」**だと思っていました。

でも今は違います。

打ち明けられたくない過去だってあるはずだし、伝えるタイミングも大切だと思うからです。

もし、伝えるタイミングを間違えたせいでせっかくのご縁が遠ざかってしまうとしたら、すごくもったいないと思うんです。

真面目な人ほど「プロフィールですべてを打ち明けなければ…！」と考えてしまう傾向が強いのですが、最初からすべてを打ち明ける必要はありません。

それと、自分が気にしていることって、案外他人からすると問題じゃなかったりします。


きっと大丈夫。

あなたの運命の人は「え？　そんなことで悩んでたの？」って笑って受け入れてくれるはずですから。

その② 自分の長所をアピールすべし

私は普段、アプリのご相談に乗っている時に「**プロフィールにただの自己紹介文を書いてはいけません**」とお伝えしています。

「なぜ自己紹介をしてはいけないの？」と思われた方もいるでしょう。

なぜマッチングアプリで自己紹介してはいけないのか。

それは、マッチングアプリとは、「**自分をわかってもらうための場所**」ではなく、「**自分の長所をアピールする場所**」だからです。

私達はネットで買い物をする時、何を見て購入するかどうかを決めているでしょうか。おそらく商品画像を見た後、商品説明、口コミなどを読み、購入を決めているのではないでしょうか。

もし商品説明が書かれていなかったら？　買いませんよね。

マッチングアプリのプロフィール文は、この「商品説明」と同じです。

就職活動やバイトの面接でも、「こんなことができます」「こういう経験があります」など、「採用したい」と思ってもらえるような自分の強みをアピールしますよね。間違っても「血液型はO型で、星座はうお座です」なんて、仕事に関係ない自己紹介はしないはずです。

マッチングアプリでも同じで、相手に「デートしたいな」と思ってもらえるようなプロフィールを書くことが大切です。

「強み」を書けばいいというわけではない

さて、ここまでプロフィール文はただ自己紹介するのではなく、自分の強みをアピールすることが大切とお伝えしてきました。

しかし、強みをただ書けばいいというわけではなく、書き方のコツがあります。

女性にとって身近な「化粧品」を例に出してわかりやすく説明してみます。

「〇〇オイルをベースに、〜酸を配合。××や△△が添加されたコンシーラーです」
こんな風に、スペックをつらつら並べられてもいったい何がどういいのか伝わらないですし、魅力的な文章とは言えませんよね。

では、こう言い換えたらどうでしょうか。

「酸化しにくい〇〇オイルをベースにしているから、紫外線の気になる日中でも安心。さらにシミを予防してくれる〜酸をたっぷり配合。気になる部分をカバーしながらシミ予防もできます。しかも、お肌にやさしい◎◎フリー。カバー力はしっかりあるのに、メイク落とし不要だから楽ちん。石鹸でスルッと簡単にオフできます」

さて、いかがだったでしょうか。
同じ商品の説明とは思えないくらい印象がガラッと変わりますよね。
どちらの説明文のほうが購入されやすいかは、説明するまでもないと思います。
マッチングアプリのプロフィールも、これからご紹介するポイントを押さえるだけで劇的にマッチング率が上がるので、ぜひ意識してみてください。

ポイントその1 メリットではなく、ベネフィットを伝える

メリットとは、商品のウリや特徴のこと。

化粧品の例でいうと「○○オイルが使われている」とか「～酸が配合されている」の部分がメリットにあたります。

もちろん、メリットを書かないよりは書いたほうがいいのですが、さらに効果的な商品説明文（プロフィール文）にするには、**メリットではなくベネフィットを書く**ことが重要です。

ベネフィットとは、メリットによってユーザーが受ける恩恵のこと。

「この商品を買ったらこうなるよ！」という具体的な利益のことです。

先ほどの化粧品の例でいうと**「紫外線の気になる日中でも安心」**とか、**「石鹸でスルッと簡単にオフできます」**などの部分がベネフィットにあたります。商品を買うことで得られる利益が具体的にイメージできるので、購買意欲をそそりますよね。

これはマッチングアプリのプロフィールでも同じです。

「自分と付き合ったらどんなメリットが得られるか」を書くと、より魅力的なプロフィールになります。

例えば「料理ができます（メリット）」と書くだけでも、好印象になりますが、**「作りたい料理がたくさんあって困っているので、味見してくれる人を探しています」**と書けば、より印象に残りやすく魅力的に映ることでしょう。

もちろん、本人のキャラクターにもよりますが、このような表現にすることで「料理を作ってもらえる」というベネフィットを可愛らしくアピールすることができ、一石二鳥です。

ここまであざとい感じはちょっと…という場合は、**「こないだ友達にハンバーグをふるまったら、お店のみたい！　と言ってもらえてうれしかったです」**のように、付き合った時のイメージを膨らませられるような具体的なエピソードを添えるのがオススメです。

サブ写真として作ったハンバーグの写真を載せたら完璧！

「美味しいハンバーグを作ってもらえる」というベネフィットを効果的にアピールできます。

ぜひ試してみてくださいね。

ポイントその2 具体的なビジョンが思い浮かぶような文章を書く

先ほどご紹介したベネフィットの二つの例文にも言えることですが、とにかく大切なのは**具体的なビジョンが思い浮かぶような文章を書く**こと。


プロフィールを読んでいる人の想像が膨らむような文章を書くのがコツです。

なぜかというと、プロフィール文ってそんなに頭を使って読まないから。

さーっと目を通すだけの人もいるはずです。

だからこそ、具体的なビジョンが思い浮かぶ文章があると、目にとまりやすいし、内容が頭に入ってきやすいんです。

ポイントは4W1H［Where（どこで）・When（いつ）・Who（誰と）・What（何を）・How（どのように）］を意識すること。

「料理作ってネットフリックス観ながらダラダラしたり、深夜にアイス買いに行ったりみたいなお家デートが理想です」

これは、私が実際にプロフィールで使っていてウケが良かった文章です。

このプロフィールに変えてから「デートのところ共感します！」とか「一緒にアイス買いに行きたいです」みたいなメッセージがたくさん来るようになりました。

Where（どこで）→自分と相手どちらかの家
When（いつ）→夜

Ｗｈｏ（誰と）↓２人で
Ｗｈａｔ（何を）↓ネットフリックス、料理、アイス
Ｈｏｗ（どのように）↓ダラダラ
４Ｗ１Ｈがはっきりと書かれているので、具体的なビジョンをイメージしやすいと思います。また、Ｈｏｗを表す時に、「ダラダラ」「まったり」のようなオノマトペを使うのもポイントです。印象に残りやすくなるだけでなく、柔らかく女性らしいイメージになります。

「もぐもぐ」「ふわふわ」「ワクワク」「うとうと」など、他にも可愛らしいオノマトペはたくさんあるので、上手に活用してみてくださいね。
あまり多用すると、ぶりっ子っぽくて痛い感じになってしまうので適度に使うのがコツです。

ポイントその3 デメリットをわざわざ強調しない

「言いにくいことをカミングアウトしない」という部分にもつながってきますが、デメリットを強調しないことも大切です。

言われなければ気にせずスルーしてしまうようなことも、書かれていることで「○○ってなんだろう?」と気になってしまうことってありますよね?

マッチングアプリのプロフィールでも、同じことが言えます。

デメリットをわざわざ強調しない
当たり前のことをベネフィットとして見せる

これらを徹底するだけで、よりその人を魅力的に見せることができます。

例えば、男女共にプロフィールに書きがちなのが、「メッセージ苦手です」「連絡返すの遅めです」などの文章。

相手のことを思って、という誠実さから書いているのかもしれませんが、読んだ人は「やる気ないのかな」とか「連絡来ないのはイヤだな」とかネガティブな気持ちになると思います。

なので、このようにデメリットになる可能性があることはわざわざ強調しないのがベターです。

どうしても書きたい場合は、

「お互いのペースで、のんびりメッセージできたらいいなと思います」など、双方にメリットがあるような書き方をするか、

（「お互いのペースで」と、当たり前のことをベネフィットとして見せる）

「夜勤のため夜は返信できないことがありますが、必ずお返しするので気長に待っていただけるとうれしいです」

などのように、デメリットをフォローするような文章を入れると印象が良くなります。

ポイントその4　ポジティブに言い換える

先ほどデメリットは強調するなという話をしましたが、そうは言っても嘘はつきたくないですよね。

伝えたいことはあるけど、正直に書いたらマイナスに捉えられそうなことがある場合はどうしたらいいのでしょうか。

「できない」のではなく「勉強中」

実は私、前職が中学校の英語の教員なのですが、お恥ずかしながらお世辞にも英語が流暢に話せるほうではありませんでした。

その上、悲観的な性格だったので、ネイティブと話す度に「英語は上手に話せない」と言っていたんです。

そんなある日、いつものように初対面のネイティブに「英語は上手に話せない」と言ったら、「勉強中なんだね！」とあっけらかんと返されて、ハッとしました。

そうか、「できない」のではなく「勉強中」なのか。

物事の捉え方次第で、こんなにも印象が変わるのか、と気づいた瞬間でした。

そのことに気づいてからは、マッチングアプリのプロフィールも大きく変わりました。自分が引け目に感じていることも、ポジティブに言い換えてアピールできるようになったのです。

「料理はするけど…」

例えば、自炊はするけど「料理が得意」とは言えないレベルの場合。料理ができるって言ったらハードル上がっちゃうからと、書かない人が多いんですが、めちゃくちゃもったいないです（私も以前はそうでした）。

捉え方を変えてみましょう。

「自炊はしますが、料理は得意ではありません」と書くのではなく、

「料理のレパートリーを増やしてます。最近は○○を作りました！」

「好きな人ができると、はりきって手料理をふるまっちゃうタイプです」

などと書いたほうが、前向きな感じがして、一緒にいたいと感じませんか?

「自分にはアピールできることが何もない…」という人も、大丈夫。

ちょっと捉え方を変えるだけで、同じ内容でもグッと印象が良くなりますから。

合言葉は、**「できない」のではなく「勉強中」**です。

ポイントその5 現実ではなく、夢を見させる

これはあくまでも私の体感ですが、女性のほうが男性よりもリアリストで、プロフィールにも現実的な内容を書く人が多い傾向にあると感じています。

「それの何がいけないの?」と感じる方もいるかもしれませんが、マッチングアプリ的には絶対NG。

出会う前から、「こういう人はNG」とか「結婚前提でお願いします」のように現実を突きつけたら、百年の恋も冷めてしまいます。

まずは、**「こんな子と付き合えたらいいな」って夢を与えてあげなきゃダメ**なんです。

マッチングアプリに登録している男性は「恋」がしたいのです。
現実的な文章を書くことは、相手が恋する機会を奪っているようなもの。

女性だって「家事はできるだけお願いしたいです」とか、いきなり現実的な話をされたら萎えちゃいますよね。それと同じです。

まずは夢を見させる。
男性に媚びろとまでは言いませんが、理想の彼をゲットしたいなら多少のあざとさは必要不可欠です。

NG例　推しのライブは全通したいので、趣味を理解してくれる方のみお願いします。
OK例　いつか一緒に年越しフェスデートとかしてみたいです！
NG例　キラキラした雰囲気のいい高級レストランでディナーを楽しみたいです。
OK例　ゆるゆる漫画読みながら岩盤浴デートしたいです。

あくまでも「**男性ががんばらなくていい感**」を出すのがポイントです。

こういうことを言うと「女性が我慢しなきゃいけないってことですか？」と言われそうですが、そういうことではありません。

あくまでも間口を広げるための手段の一つなので、「どうしても高級レストランじゃなきゃ無理！」という人は、正直にそのまま書いたらいいんじゃないかと思います。

バンドマンだって、メジャーデビューするために売れる曲を書いて、売れたら好きな曲を出したりするじゃないですか。それと同じです。

やりたいことは、小出しにしたほうが受け入れてもらいやすい。

もちろん、最初から自分のやりたいこと全開の曲で売れる人もいますが、誰にも足を止めてもらえずに路上ライブをやり続けるリスクもある。

恋愛も同じです。

売れる（恋人を見つける）のが目的なら、お客さん（男性）から求められていることをやる必要があるのではないでしょうか。

今日から使えるプロフィール文のプチテクニック集

初級者向け

○漢字よりひらがな多めに！

女性らしい優しい印象になります。

○絵文字は適度に

使わなすぎも怖いけど、使いすぎも男ウケ×。プロフィール全体で2〜6個が理想、アラフォー以降の場合は多くても2〜3個に留めたほうがいいです。

○恋活なら短めに（300文字以内）。婚活なら長め（500〜700文字）でもOK

長いとめんどくさいと思われるリスクもありますが、その分真剣な人と出会いやすくなります。

○男ウケのいい趣味を記載

スポーツ、車、アニメ、ゲームなど男っぽい趣味を持ってる人はアピールしましょう。海外旅行、美容、グルメなどはお金がかかりそうなイメージで男ウケ×。「B級グルメや、居酒屋メニューも好き」と庶民派な一面もアピールするとか、「ずっと綺麗な奥さんでいたいので美容には力を入れています!」と相手の願望を叶えるようなことを書けるならOK。

上級者向け

○ぶりっ子要素を取り入れてみる

「～しちゃいます」「教えてほしいです」など。

「え? こんなぶりっ子で大丈夫?」みたいな、引くほどあざといのが意外と効きます。お茶目な感じは一部の男性にものすごくウケます(もちろん苦手な人もいるので自己責任でお願いします)。

○あえて下手《したて》に出る

「誰か拾ってください」「私で妥協しませんか?」など。

マッチングアプリには、恋愛に自信がない奥手な男性も多いです。中には「いいねを送っても返してもらえないんじゃないか」と、不安に感じていいねを送れない草食系男子も。

あえて下手に出るようなことを書いて「**私は拒否しないよ~。来ても大丈夫だよ~**」といいねを送るハードルを下げてあげるとマッチングしやすくなることがあります。

しかし、このような文章は好き嫌いがかなり分かれるので初心者にはオススメしません。あくまでも「へ~こういうテクニックもあるんだな~」くらいに思っておいてもらえるとうれしいです。

悪用厳禁！ マッチング率が上がるプロフィールテンプレ集

普段は、お一人ずつ丁寧にヒアリングした内容をベースにプロフィールを作成しているのですが、本を手にとってくださった皆さんに向けて、汎用性のある例文を考えてみました。あくまでも例文なので、ご自身の状況に合わせてアレンジして使ってみてくださいね。

一緒に過ごす時間も、お互いが一人で過ごす時間も大切にしたいです。
↓精神的に自立している印象になり、好感度がアップします。

毎日美味しいお味噌汁を作ってあげたいです。
↓婚活目的なら、結婚をイメージできる文章を。ベタですが家庭的アピールが効果的。

穏やかな性格で、めったに怒りません。
↓ヒステリックな女性が苦手な男性は多いので、アピールポイントになります。

素直でわかりやすいねとよく言われます（笑）
↓好みは分かれますが、天然な感じやウブな感じは万人受けしやすいです。

オススメがあったら教えてほしいです！
↓男性の「教えたい（～してあげたい）」という本能をくすぐるような文章が◎。

好きな人の趣味を一緒に楽しみたいです。
↓趣味に理解がある姿勢を示せる上に、楽しそうな未来が想像できるのでオススメ。

公園デートやお家でのんびり映画を一緒に観るようなデートが理想です。
↓男性ががんばらなくてもいいデートプランが書いてあると、「ありのままの自分を受け入れてくれそう！」という印象になり、好感度が高くなります。

好きな人と一緒だったら、どこで何してても楽しめるタイプです。

↓幸せのハードルが低いアピールをすることで「俺でも幸せにしてあげられそう！」と、恋愛に自信のない男性に自信を持たせることができます。

両親にとても大切に育ててもらったので、同じような温かい家庭を築きたいです。

↓婚活目的の人向け。育ちが良く、品のある印象を与えることができます（もちろん該当しない人は無理に書かなくてＯＫ）。

— 恋活用 —

1

はじめまして、保育士をしている○○です！

休日は友達と買い物に行ったり、YouTubeを観たりしてお家でのんびり過ごしてます。
スポーツ観戦やアウトドアも好きなので、連れ出してくれるとよろこびます！

料理も好きで、毎日自炊してます。
写真のごはんは全部手作りです！！

平日どちらかのお家で一緒に晩ごはん食べて、バラエティ番組とか観て笑いながらまったり過ごしたいです♪

好きな人と一緒だったらどこで何してても楽しいタイプです！
おいしいものには目がないので、オススメのお店があったら教えてください。

気軽にいいねやメッセージもらえるとうれしいです。よろしくお願いします！

2

はじめまして。
友達がこのアプリで彼氏ができたと聞いたので「よし、私も素敵な人を見つけるぞ～！」と思い登録しました！

○お仕事
都内でSEをしています！
毎日パソコンとにらめっこしてるので肩こりがやばいです笑

○性格
性格は明るくておっちょこちょいです。
くだらないことで笑っちゃいます。

楽しいことを計画するのが大好きなので、仲良くなったら一緒に楽しみたいです！

○好きなもの
料理/おいしいご飯とお酒/旅行/温泉/お笑い/漫画

ご飯を食べることが大好きで、毎日自炊してます。
パートナーができたら一緒に作ったりしたいです！

○タイプ
よく笑う人、美味しそうにご飯を食べる人がタイプです。

まずはお茶やご飯に行けたらいいなと思うので、気軽にいいねください！
よろしくお願いします！

※104ページを参考に絵文字は適宜追加してくださいね

― 婚活用 ―

1

はじめまして。

お互いを支え合えるパートナーを見つけたいと思い登録しました。


【仕事】

歯科衛生士をしています。

医療ならではの大変なことはありますが、患者さんから「ありがとう」と言ってもらえるとうれしくなります。


【性格】

穏やかな性格で、めったに怒りません。

周りからは一緒にいると癒されると言ってもらえることが多いです。


一緒にいる時間だけでなく、お互いの一人の時間も大切にできたらいいなと思います。

【好きなこと】
・おいしいものを食べに行く
・料理、お菓子作り
・映画鑑賞
・読書、漫画

紅茶が好きで、お店でお気に入りのものと出会うと幸せな気持ちになります。

お相手の趣味も一緒に楽しめたらうれしいです。


【恋愛観】

一緒にいてほっとする人と出会えたらいいなと思います。

おじいちゃんおばあちゃんになったら、田舎でのんびり過ごすのが夢です。


少しでもプロフィールを読んで興味を持っていただけたらいいねもらえるとうれしいです。

よろしくお願いします。

2

はじめまして。

素敵な方と出会えたらと思い登録しました！


仕事は事務をしています。

前に出るより、誰かのサポートにつくほうが好きなので毎日やりがいを感じています。


周りからは素直でわかりやすいと言われます。

思ってることがすぐ顔に出るので、ババ抜きやったら負けます！笑

人見知りはしないほうなので、初対面でもすぐに打ち解けられると思います。

一緒にいろんなお店を開拓できたらうれしいです。


将来のことを考えられるとうれしいな、と思いますが、焦っているわけではないので一緒に穏やかな時間を過ごせたらいいなと思います。


まずは気軽にいいねやメッセージもらえるとうれしいです。

よろしくお願いします！

「コミュニティ」は男性目線で選ぶべし！

多くのマッチングアプリには、「コミュニティ」「カード」「タグ」といった、自分の好きなものや価値観などをアピールできる機能があります（※ここでは混乱を避けるため、それらの機能を総称して「コミュニティ」と呼ぶことにします）。

プロフィール写真やプロフィール文はもちろん大切ですが、実は「コミュニティ」選びもかなり重要です。

「このコミュニティを選べば絶対モテる！」といった正解はありませんが、「こういうコミュニティは避けたほうがいい！」というポイントはあるので、これから説明する例を参考にしてコミュニティを選んでみてくださいね。

「真面目に出会いを探しています」は男ウケが悪い!?

残念なお知らせですが、女性が良かれと思って選んでいるコミュニティが、実は逆効果になっている場合もあります。

例えば「真面目に出会いを探しています」というコミュニティは、人によっては**「重い」「めんどくさそう」**といったマイナスイメージを持たれることも。**「当たり前のことをわざわざアピールしていることに違和感を覚える」**という声も聞いたことがあります。

他にも「タバコ嫌いです」「遊び目的お断り」などといった、「○○な人はNG」系のコミュニティには入らないことをオススメします。アピールしたい気持ちはわかりますが、気難しい印象を与えてしまいます。「どうしてもそういう人を避けたい！」という人は、相手のプロフィール文や、メッセージのやりとりで見極めましょう。

「好きな作品」のコミュニティがマイナスの印象になることも

男性にヒアリングをしていて衝撃的だったのが、「好きな作品」をアピールしているだけなのにマイナスイメージになっている場合があるということ。

女性からすると「なんで⁉」と思うのですが、驚くことに特定の海外ドラマや洋画のコミュニティに入っていると「なんか合わなそうだな」と感じてしまう男性もいるようなのです。

あくまでもこれは私の推測ですが、マッチングアプリに登録している男性は草食系男子が多いので、強そうな女性がバリバリ活躍する作品やセレブ感のある作品が好きな女性は「なんか怖そう」と気が引けてしまうのかなと思いました。

もちろん**「同じ作品が好きな男性と繋がりたい！」という場合は、まったく気にする必要はありません**が、コミュニティによってはマイナスの印象になる場合があるというのは覚えておきましょう。

特定のアーティストや作品名のコミュニティに入る場合には、**男女比を確認し、男性の比率が高いコミュニティを選ぶと安心**です。

「スポーツ」「お酒」「お肉」に関するコミュニティは比較的万人ウケしやすいので、好きな人は積極的にアピールしましょう。「仲良くなれそう」と思ってもらえて、マッチング率が上がりやすくなります。

Chapter

3

300人以上と出会ってわかった「相手の見極め方」

マッチングアプリは友達同士の紹介ではないため、もちろん中には危険な人も潜んでいます。

ここでは避けるべき男図鑑やマッチングアプリ教訓をお伝えします。

これを読んで、みなさんが危険な目に遭わず、素敵な出会いを見つけられますように。

可愛く見える渾身の1枚を載せて、自分らしいプロフィール文も設定した。
よし、準備万端！
「素敵な人を見つけるぞ〜！」と意気込んで、アプリを開始したはいいものの…、
いいねが山のように来て見るのが大変すぎる！
しかも蓋を開けてみると、**イマイチな人やおじさんばかり**。
「私ってこの程度のレベルってこと？」と凹む。
やっといい感じの人からいいねが来たと思ったら、なんだか**ヤリモクっぽい**。
「もう〜誰と出会ったらいいの〜!?」
完全にやる気喪失。
気づいたらもう何週間もログインしてない…、なんてことありませんか？

マッチングアプリをやったことがある方なら、似たような経験をしたことがあるのではないかと思います。

どの人とマッチングしたらいいのかわからない
ダメンズの見分け方がわからない
この人と会っても大丈夫？

女性はいいねがたくさん来る分、こういった「相手の見極めに関する悩み」が尽きませんよね。


そのため、この章では「３００人以上の男性と出会ってきた」知見を活かして、

「どんな人と会うべきか」

また、反対に、

「どんな人を避けるべきか」

について、バシバシお伝えしていこうと思います。

プロフィールでダメンズは見極められるのか？

よく聞かれるのが「この人と会っても大丈夫ですか？」という質問。

マッチングアプリで出会った人とお付き合いしたことがある人の話を聞いていると、**実は相手に彼女がいた**とか、**既婚者だった**なんて話もよく耳にします。


そりゃ、心配にもなりますよね。

できることなら、事前に見極めたいところ。

しかし！　残念なお知らせですが、遊び目的の人を見極めるのは非常に難しいです。


なぜなら、基本的に**男性はライトな感じでアプリを利用している**からです。

いやいやそんなわけないじゃんと思うかもしれませんが、女性のように「恋人を見つけるぞ！」「結婚するぞ！」と意気込んでいる男性は、どちらかというと少数派です。

多くの男性は、「可愛い子とデートできたらいいな～。あわよくばえっちできたらいいな～。もしいい子だったらそのまま付き合えたらいいな～」くらいのゆるーいテンションでアプリをやっています。

逆に言うと「付き合う気ゼロ！　ヤれればＯＫ」みたいな生粋のヤリモクは、女性が思っているほど実はいません。

「真剣に彼女を作ろうと思ってアプリを始めたのに、結果的にヤリモクみたいになってしまった…」と悩む男性もいるくらいです。

「この人は遊び目的かそうでないか」の二択で考えるのではなく、グレーゾーンがあるということを念頭においてアプリを利用すると、必要以上に悩まなくなりますよ。

とはいえ、なるべくなら真剣に出会いを求めている男性と出会いたいですよね。

遊び目的の人を完全に見極めるのは難しいですが、傾向はあるので安心してください。

次ページからは、避けるべき男性のタイプ別に見分け方をお伝えしていきます。

―マッチングアプリで避けるべき男図鑑―

その① プロのヤリモク

特徴：外見は中の上〜上の下くらい。学生時代非モテだったコンプレックスがある。
髪型やファッションを変えたところモテだした。命をかけて遊びまくっている。
ファッション：流行を取り入れたがる。年齢よりも若作りをしていることが多い。
写真：「こんな写真いつ撮ったん？」みたいなあざとい写真を使用。猫と写りがち。
習性：やたら電話したがる。メッセージの誤字が多い。タメ語。連絡マメ。
住まい：友達と一緒に住んでいるか、お持ち帰りしやすいターミナル駅に生息。
ＬＩＮＥの登録名：アルファベット一文字。
ひとこと：おばあちゃんに勧められて登録しました。
対処法：メンタルが強く、一度断ったくらいでは引き下がらない。また、口が達者なため言い訳などもうまい。**沼る前にLINEを返さないなどして撤退しよう。**こいつはクズだなと割り切ってワンナイトを楽しむのもアリ。このタイプの男性は彼女が複数いるのが当たり前で、**本命彼女になるのはエベレスト並みに難易度が高い**のでとっとと諦めるのが吉。

その② 理想が高すぎて退会できないマン

特徴：外見は中の下〜中の上くらい。ハイスペとまではいかないが、学歴も収入も平均以上。彼女を作ろうとマッチングアプリを始めたが、モテだして調子に乗ってしまう。目が肥えすぎて付き合いたいと思える女性が見つからないのが悩み。

ファッション：セレクトショップとかでシンプルな服を買っている。

写真：自撮りなんだけど自撮りに見えない写真を撮るのがうまい。スーツで写真撮りがち。

習性：デートの店選びのセンスが良い。エスコート上手。ちゃんと敬語。料理上手。

住まい：みんなの憧れおしゃれタウンで一人暮らし。間接照明とか置きがち。アートが好きなど、サブカル好きもいる。

LINEの登録名：下の名前二文字。

ひとこと：早くいい人を見つけて退会したいです！

対処法：理想が高いこのタイプのメンズは付き合ってからも「もっといい女性はいないか？」と別の女性を探し続ける傾向があるので、**アプリを同時退会することでリスクを軽減できる。**デート中にスマホをやたら見ている、ウヤムヤな態度をされる、ドタキャンが多いなどは危険信号。ただちに撤退しよう。**家庭的な女性が好きなので、本命になりたい場合は家庭的アピールが効果的。**

その③ ただのモテ男

特徴：イケメン高身長。ハイスペ。プライベートも充実していてインドアもアウトドアもいける。「なんでこの人彼女いないんだろう…」みたいな感じ。

ファッション：女性が好きなキレイめな感じか、夏になるとハーフパンツ穿いちゃうようなちょっとギラついた感じ。

写真：海外で撮った写真を載せがち。サングラスかけがち。

習性：ほぼ外食で、自炊は一切しない。週末はフットサルとかバスケとかやってる。あまり連絡はマメではなく、基本的にはヤリたい時だけ連絡してくる。

住まい：絶対一人暮らしだろうなっていう高級住宅街住み。

LINEの登録名：アルファベットで苗字だけ、もしくは下の名前だけ。

ひとこと：期間限定で始めました。

対処法：付き合ってからもたまにお泊まりなしの健全デートをして様子をみる。この手のメンズはずっと女遊びを続ける気はなく、20代のうちに結婚しようというビジョンを持ってることが多いのでがんばって本命彼女のポジションを狙うのもアリ。ただし**メンクイなので顔面への課金は必須。**

その④ 趣味に生きる草食系男子

特徴：ヒゲ伸ばしがち。バックパッカーをしていたことがある。多趣味で、特にアウトドアが大好き。週末はキャンプか一人旅に行ってる。

ファッション：基本的にミニマリストなので多くは買わない。ブランドに興味がない。シンプルで動きやすい服が好き。

写真：友達のプロカメラマンにたまたま撮ってもらったという写真

習性：基本的に恋愛の優先順位がものすごーく低い。メッセージはマメだが、なかなかデートに誘ってこない。

住まい：シェアハウス、ソーシャルアパートメント。

ＬＩＮＥの登録名：苗字だけ（漢字）。

ひとこと：カレーはスパイスから作ります。

対処法：真面目に彼女を探しているのだが、その真面目さゆえに奥手になってしまい、進展しにくい。そのため、「6回デートしたのに何もなかった…」みたいなことになりがち。

女性側からデートに誘い、ガンガン好意を示そう。ちなみにこの手のメンズが30代後半に差しかかると厄介。結婚願望はない場合が多いので婚活女性にはオススメできない。

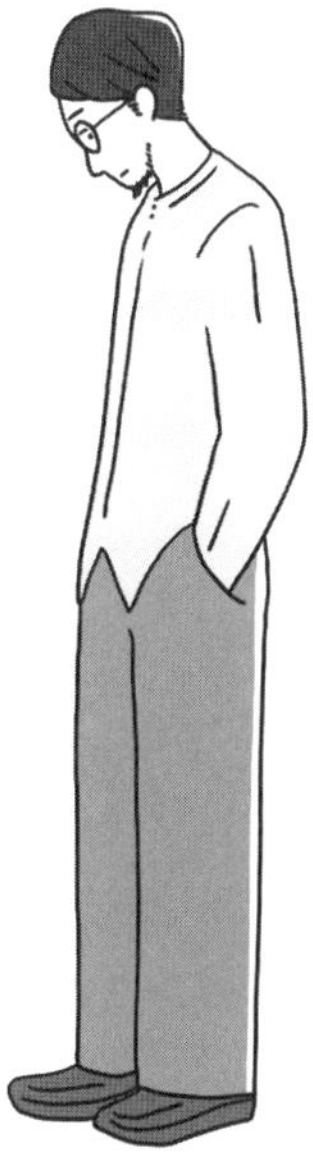

その⑤　地雷メンヘラくん

特徴：トプ画は芸能人のようにイケメンだが、実際会うと「え？　誰？」となるくらい別人。恋愛のトラウマがあり、女性不信。褒めても「お世辞でしょ」と疑ってくる。
ファッション：流行にうとく、一昔前に流行った服装しがち。前髪でおでこ隠しがち。メンズメイクしている。猫を溺愛している。
写真：自宅で撮影したと思われる自撮り写真しか載せていない。
習性：絵文字ではなくファンシーな顔文字使いがち。
住まい：実家、または郊外で一人暮らし。
ＬＩＮＥの登録名：絵文字のみ、なぜか半角カタカナなど様子がおかしい。
ひとこと：メッセージ返す気ない人はマッチングしないでください。

対処法：このタイプのメンズは、付き合えたとしても突然罵声を浴びせられる、ストーカー化するなどトラブルが起きやすいのでマッチングしないことを強くオススメ

間違っても「私が救ってあげる」とか思わないこと。彼らは救いようがないほど拗《こじ》らせている。

その⑥ まだまだ遊び足りない既婚者

特徴：見た目は中の下〜中の中くらい。ブサイクではないが、そこまでイケメンというわけでもない。エスコート上手（奥さんが教育済みのため）。
ファッション：それなりに小綺麗（奥さんが教育済みのため）。
写真：自撮りもしくは、何人かで撮った写真の切り抜き。
習性：土日にデートの約束をしたがらない。家に着くと電話を切りたがる。
住まい：自称実家暮らし。社員寮と嘘をつくやつもいる。
LINEの登録名：本名フルネーム。ちなみにアイコンは愛犬（茶色のプードルなどが多い）。
ひとこと：人生一度きり！

対処法：**フルネームを聞き出してフェイスブックやインスタグラムを検索してみよう。**
彼らはツメが甘いので、結婚式の写真や、娘とのツーショット写真をあげていることが多い。住んでいるところを聞いて、一人暮らしっぽくない場所（郊外）なら家族と住んでる可能性大。会社の寮と言われた場合は、本当にその場所に会社の寮があるのかを確認すべし！

その⑦ ワンチャン狙いのヤリモク

特徴：マッチングアプリに一番多いタイプのヤリモク。あわよくば遊べたらいいなくらいのテンション。その①のプロのヤリモクやその②の理想が高すぎて退会できないマンのように、モテたいという気持ちはそこまで強くない。騙してやろうというつもりはないが、その場のノリで嘘をついてしまう。本人もヤリモクの自覚がないため、ある意味で一番厄介な存在。

ファッション：おしゃれでもないし、かといってダサくもない。ザ普通。

写真：顔がはっきり写っていない。横顔の写真や後ろ姿など。

習性：「仕事柄顔を出せない」「知り合いに身バレした」など適当な嘘をついて顔写真を載せない。10年前の痩せていた頃の写真を使いがち。年齢詐称もする。

住まい：都心よりも郊外や地方に住んでいることが多い。

ＬＩＮＥの登録名：名前のイニシャル＋アルファベットで苗字

ひとこと：もうすぐやめるのでＬＩＮＥ交換しませんか？

対処法：このタイプは、下心を隠すのが苦手なためメッセージに下ネタをぶち込みがちな傾向がある。**下ネタを言われたら即撤退しよう。**また、出会った初日に付き合おうとしてくるのも大きな特徴。もし本気かどうか確かめたい場合は、**付き合ったからといってすぐに体の関係を許さないようにしよう。**

マッチングアプリ教訓

ここからは、私が以前ツイッターに載せて反響が大きかった「マッチングアプリ教訓」について解説していきます。

量が多いので、質問が多かった項目について補足していきます！

・会う前からタメ語のやつは絶対会わない

「タメ語でも気にならない！」って人は会っても問題ないです。

・写真の40〜60％が来ると思って

男性も盛ってます。

・最低でも写真は3枚以上見ておく

「あれ？　こんな顔だったの？」を防ぐためにも、違う角度から最低3枚は見ておいたほうがいいです。

・身長は3～5センチ低いと思っておく

170センチだったら165～167センチ、175センチだったら170センチくらいだと思っておいたほうがいいです。

・顔の下半分隠してるやつは9割残念

見えない部分をいい風に想像してしまうからかもしれませんが、「あれ?」となることが多かったです。

・アイコンの写真は渾身の1枚だと思って

アイコンの人は実在してないと思ったほうがいいです。

・メッセージは長くやりとりするだけ時間の無駄。数日で会うべき

一ヶ月やりとりして写真と全然違う人が来たらショックですよね。

・メッセージで盛り上がらない人は実際に会っても盛り上がらない
たまにメッセージだけ苦手な人もいますが稀です。

・メッセージの時点で不快なやつは実際に会っても不快
メッセージで不快になるって相当やばいです。

・電話で声、滑舌、喋り方をチェックしておく
生理的に受け付けない場合があるので注意。

・最初から好き好き言ってくるやつは信用しない
多分隣の席になった女の子全員好きになっちゃうタイプです。

・写真の時点で迷うやつは無理
盛れてる写真の時点で無理なら無理です。

・写真写りが良くてもヒゲが濃い可能性と太っている可能性を考えておく

あるあるなので気をつけてください。

・タバコ吸うやつと酒豪はやめといたほうがいい

ご自身が気にされないのであればＯＫです。

・返信遅いやつはあえて会わなくてよい

他に女がいる可能性大。

・年下は精神年齢もライフステージもやっぱり年下

年下はゆるーい感じでアプリを利用してる人が多いので、婚活目的なら年上を狙うべし。

・「いい人がいたらしたい」は結婚する気がないと思うべき

モテ男は「タイプの美女が現れたらしてもいい」くらいに思ってます。

・**シェアハウスに住んでる男には気をつけて**

4割くらい嘘です。

・**「彼女ほしい」レベルの男にアラサー女が割く時間はない**

結婚する気があるのか確認するのが単純にしんどいのでオススメしません。

・**会う前からセックスの話をする男は99.9%クソ**

通報しましょう。

・**「そーゆー」↑ダメ**

アプリの登録名が「こーた」みたいな「ー」を名前に使うようなやつもダメです。

・**上から目線っぽい雰囲気を感じたらそれはモラハラ男**

不快なことを言われたら我慢せず、すぐに帰りましょう。

・アドバイスしてくる男と会ったらすぐ逃げて

頼まれてもいないのにアドバイスしてくるやつにロクなのはいません。

・(笑)が多いやつはダメ

こういう男は何かあったら逃げます。

・自慢が多い男はダメ男

自信のなさの裏返し。

・追撃LINEしてくるやつは自己肯定感の低いダメ男

ストーカー化したり、粘着されたりする恐れがあるので避けるべし。

・大人になってからモテ始めたひねくれた陰キャは勘違いヤリチンが多いので注意

やたら理想が高いので本命になるのは難しいです。

・言葉は信用せず、行動を見て

手間と時間をかけてくれないならその程度ってことです。

・会う前の長電話は百害あって一利なし

うまくいかなかった時のダメージが大きくなるのでやめましょう。

・うまくいくかもという期待をしない

「うまくいったらラッキー」くらいの気持ちでいたほうがいいです。「この男大丈夫か?」と思ったら友達に相談された想定で考えてみる。

人は自分のことになると冷静になれません。

・口が達者なやつにロクなやつはいない

あいつらは呼吸をするように嘘をつきます。

・塩顔イケメンは圧倒的にクズ率が高い

モテてこなかった人が一気に垢抜けるパターンが多いです。

・プロフィール写真が横顔の男にロクなやつはいない

やましいことがある可能性大。

・「若く見られます」って書いてるやつは99.9%地雷

だいたい年相応です。

・年単位でマッチングアプリにいる男は避けて

拗らせてるか、ヤリモクかのどちらかです。

・「あまり会えないやつ」はもう諦めて

ご縁がなかったということです。

・「吸わない」に設定しているのに加熱式たばこ吸ってるやつと、「その他」に設定しているのに実家暮らしのやつには気をつけろ

こういう男は嘘を平気でつきます。

・最初に抱いた違和感が大きくなることはあっても消えることはない

合わないと思ったら無理しないのが一番。

・「もうすぐやめるんでＬＩＮＥ交換」に注意

だいたいやめません。

・段取りがいい男は遊んでいる男

いつも同じ店を使ってます。

・「気になる人に足跡残してます」は「自分からいいねするほどでもない」の意味

これ書いてる人はだいたいクズです。

・「一緒に退会しましょう」って言ってるやつほど退会しない
全然閉店しない靴屋の閉店セールみたいなもんです。

・「○○（芸能人）に似てるって言われます」↑だいたい似てない
期待しないようにしましょう。

Chapter 4 メッセージのやりとりをしてみよう

マッチングした後、直接出会うまでにメッセージのやりとりはマスト。ちょっとのコミュニケーションでだいぶ印象が変わります。残念だな、話が続かないなとなって、会う機会すらなくなってしまうともったいないので、ここではうまくいくやりとりテクを存分にお伝えしていきます。ぜひ楽しくやりとりしてみてくださいね。

自分に来たいいねを返すか、自分から送ったいいねを相手が返してくれると無事マッチングが成立。2人だけのトークルームができます。

いいなと思った人と無事マッチングしたら、どうしたらいいのでしょうか。

メッセージは自分から送ろう!

まずはじめに知っておいていただきたいのが、多くの女性は自分からメッセージを送らないということ。実際に、クライアントさんの話を聞いていると「自分から送らない」という方がほとんどです。

なぜ自分からメッセージを送らないのか理由を聞いてみると、皆さん口を揃えて「**相手がどれくらいやる気があるのか見極めている**」と答えます。

確かに、向こうからいいねしてきたのにメッセージを送ってこない人もいるので、ある程度のモチベーションをはかれるのかもしれません。

しかし、結論から言うとメッセージが来るのを待つのはオススメしません。

自分からメッセージを送ったほうがうまくいきやすいです。

これにはいくつかの理由があります。

自分からメッセージを送ったほうがいい理由その①
「待ちの姿勢」だと上から目線だと思われる可能性がある

男性に話を聞いてみると、メッセージを自分から送らない女性に「上から目線」の印象を抱いている人もいるということがわかりました。

「ジャッジされている」感じがして、いい気分がしないんだそうです。

「私が選ぶ側だ」という意識があると、それが無意識のうちに言葉にも出て相手をイラッとさせてしまうこともあるので、あくまでも**「自分は選ぶ側でもあり、選ばれる側でもある」**ことを忘れないようにしましょう。

自分からメッセージを送ったほうがいい理由その②

印象に残りやすい

先ほど説明した通り、自分からメッセージを送る女性は少数派です。ということは、**「自分からメッセージを送るだけ」**で印象に残るということ。

「この子は違うな」と思わせることができるのです。

謙虚な印象になりますし、素直な人であれば「自分からメッセージを送ってくれるほど好意があるんだ」と感じてうれしくなるでしょう。

中には「がっついてる感じがして無理」と感じる男性もいるようですが、そんなことで態度を変えるような拗らせたメンズは、お付き合いまで発展させるのは極めて難しいのでやめたほうがいいです。

もちろん「拗らせててもいいからハイスペの人気会員と出会いたい！」という場合は、その限りではありません。

自分からメッセージを送ったほうがいい理由その③

テンポ良く進みやすくなる

これだけは覚えておいてほしいのですが、**「マッチングした瞬間」が一番あなたの注目度は高い**です。

マッチングした瞬間から、徐々に興味が薄れていきます。ほしいものを手に入れた日ってテンションが高いけど、時間が経つとそこまででもなくなりますよね。

マッチングアプリでもそれと同じ現象が起こります。

極端な例ですが、マッチングした直後の相手からのメッセージと、マッチングして一ヶ月経った相手からのメッセージ、どちらのほうが魅力的に感じるでしょうか？

多くの人は前者と答えるのではないかと思います。

マッチングアプリにはライバルの女性が山ほどいるので、時間が経てば経つほど埋もれやすくなってしまいます。

もっと言うと、**モテる誠実な男性は光の速さで退会します。**

誠実さゆえに、並行してやりとりするのを嫌がるからです。


中には、マッチングしてすぐに「いい人ができたのでもうやりとりできません」と、丁寧にメッセージを送ってくる人もいるくらいです。

だからこそ、待っている場合じゃない。

いち早く動いて先手を打つ必要があるのです。


「男性を焦《じ》らすために返信をわざと遅らせろ」なんて、もう時代遅れ。

「いい男は早いもの勝ち」が令和の常識です。

ファーストメッセージは何を送ればいい？

まずはじめに知っておいていただきたいのが「これを送れば絶対に返信がくる！」というメッセージは存在しないということ。

とはいえ、どんなことを送ったらいいかわからない方も多いと思うので、ここでは減点されにくい基本的なファーストメッセージの例をお伝えします。

鉄板は「挨拶＋名前＋相手のプロフィールに触れた文章」

ファーストメッセージの基本はまず挨拶と名前を名乗ること。

「いいねありがとうございます。◯◯っていいます！」
「マッチングできてうれしいです。◯◯といいます」

「え？　そんなに普通でいいの？」と思いますよね。

それでいいんです。

写真やプロフィールと同様に、メッセージも「**減点されないこと**」**が大事。**

「いい子そうだな～」と思ってもらえればそれでＯＫ。

凝ったメッセージを送る必要はありません。


ポイントは一通目で名乗ること。

先に名乗ると、相手もその後に名乗ってくれる確率が上がります。

そうすることで、

「お名前はなんですか？」

「なんとお呼びすれば良いですか？」

といった、マッチングアプリによくある不毛なやりとりでイライラしなくて済むというメリットがあります。

ライトな恋活アプリの場合、挨拶を省略していきなり会話を始めても問題ありませんが、初心者の方はまずこの基本を押さえておけば間違いないと思います。

「挨拶＋名前を名乗る」だけでも、相手の食いつきがあれば返信が来るかもしれませんが、さらに返信率をアップさせたい場合は、相手のプロフィールに絡めた内容のメッセージを添えると良いと思います。

例えば、

「私も◯◯大好きなので、思わずいいね押しちゃいました！」

「私もピクニックデートが理想なので、価値観合いそうだなと思っていいねしました！」など。

「なぜいいねしたのか」を説明するような文章があると好印象になります。

その他にも、

「タイプです！」

「かっこいいですね！」

「プロフィール面白いですね！」

「写真の猫ちゃん可愛いですね！」

このように、**シンプルな褒め言葉を添えるのもオススメ。**


ちなみに、相手のプロフィールを見て熱量を感じる話題について触れるようにするとより良いです。

例えば、ジムでトレーニングしている写真が載っていたら筋トレの話題に触れる、仕事について熱く語っていたら仕事について触れる、などです。


「ちゃんとプロフィールを読んでいいねしている」感を出すのがポイントです。

返信が来ないのはなぜ？ やりがちなNGメッセージ例

よく「なんてメッセージを送ったらいいですか？」という質問をいただくのですが、実は女性のメッセージは**「何を送るか」よりも「何を送らないか」が重要です。**

残念ながら、「これを言えば絶対好感度が上がる！」みたいな魔法のような言葉はありません。

女性は男性と比べて右脳と左脳を繋ぐ「脳梁《のうりょう》」と呼ばれる神経の束が太いため、コミュニケーション能力が高いと言われています。

クライアントさんの実際のやりとりを拝見しても、基本的にはコミュニケーション能力に問題のない方がほとんどですし、男性と比べるとそのことで悩んでいる方も少ない印象です。

しかし、だからこそ自覚なく**「惜しい」メッセージを送ってしまい、ご縁を逃している方も多い**です。

ここからは、よくあるマッチングアプリのメッセージの惜しい例とその対処法についてお伝えしていこうと思います。

その「仲良くなったら」がご縁を遠ざける

マッチングアプリのメッセージで女性が言いがちなタブーワードがあります。
それは**「仲良くなったら」**です。

「ご飯に行きましょう」

「LINE交換しませんか?」


このような男性からのメッセージに「仲良くなったら」と返していませんか?

確かに、仲良くなるペースは人それぞれですし、「仲良くなったら」というのは本音なのかもしれません。

しかし、男性からしてみれば**「仲良くなる気ないじゃん」「お高くとまっている」**など、マイナスの印象でしかありません。

「せっかく誘ったのに…」とプライドをへし折られたような気持ちになる男性もいるでしょう。

「仲良くなったら」と言いたい気持ちはわかりますが、そこで渋ってチャンスを逃すことほどもったいないことはないです。どうしてもイヤなら、相手の男性が不快にならないようなフォローを入れるか、マイルドな言い方に変えましょう。

このようなお話をすると、「ご縁がなくなってもいいような相手だから適当に返してるんです」と反論する声が聞こえてきそうですが、そのような気持ちでアプリを利用するのはあまりオススメしません。

なぜなら、**出会う人は自分の鏡**だからです。「ご縁がなくなってもいいや」という人のもとには、同じように「ご縁がなくなってもいいや」という投げやりな人が寄ってきてしまいます。

また、人によって態度を変えていると、本当に素敵だと思う人と出会った時にもそのような雰囲気が滲み出てしまうと思います。

マッチングアプリには無数の出会いがありますが、だからこそ**一つ一つのご縁を大切にするように心がけましょう。**

「パフォーマンス的愛嬌」も時には必要

先ほどの「仲良くなったら」にも通じますが、ありのままの本音を話すことが誠実かというと必ずしもそうではありません。

時には、相手と良好な関係を築くために**「パフォーマンス的愛嬌」**も必要だなと感じています。

ここで勘違いしてほしくないのは、ここで言う「パフォーマンス的愛嬌」というのは、「こう言っときゃいいだろ」と相手を舐めてかかれということではありません。

あくまでも「私はあなたと仲良くする気がありますよ」という意思表示のために、愛嬌が必要という話です。

とはいえ、**「なんだか相手を騙しているみたいでイヤ」**とか**「思ってもいないことを言うのは疲れる」**と思う気持ちもよくわかります。

なぜなら、私自身が元々愛嬌を振りまくのが苦手だったからです。

ガールズバンドをやっていた時は、ライブが終わったあとの物販の時間が苦痛でした。人気のあるバンドの場合は、基本的に物販はスタッフが対応するのでアーティスト本人がファンと会話することはありません。

しかし売れてないバンドだったので、物販で買ってくれたお客さんと直接会話する必要があったわけです。

今でこそファンの皆さんと楽しくおしゃべりができますが、当時の私にはそれができませんでした。

常にニコニコしてファンと会話するのは、なんだか相手に媚びている気がしてイヤだったからです。

愛嬌を振りまいてファンを増やすよりも、音楽の実力でファンを増やしたいという気持ちもあったと思います。

なんなら「ファンに媚びるなんてロックじゃねえ！」くらいに思ってました（笑）。

しかし、今考えると私は**愛嬌を振りまかなかったというより、振りまけなかったんだと思います。**

本当はファンと仲良くおしゃべりできる、人気のある子達が羨ましかった。

だから自分を正当化するために、愛嬌を振りまく必要はないと思っていたんだと思います。

今、当時を振り返ってみて思うのは、**笑顔で対応するのは決して相手に媚びる行為ではなく、応援してくれている人への感謝の気持ちを込めた「誠意」だということ。**

マッチングアプリも同じで、仲良くしたいと思ってくれている人への誠意を込めて、時には「パフォーマンス的愛嬌」も必要なんじゃないかなと。

「演技（パフォーマンス）だとしても愛嬌はあったほうがいい」

これが男性の本音だと思います。

食べたいものを聞かれたら？

「何か食べたいものありますか？」
「なんでも大丈夫です」

マッチングアプリを利用していると、直接会う流れになった時に男性から「何食べたい？」と聞かれることがあると思います。

こういう時に「なんでもいい」と答える人は、相手のことを気遣うつもりで言っているのかもしれませんが、多くの場合は逆効果。

選択肢を出す側の負担が大きくなりますし、「いい提案をしなければ」というプレッシャーにもなりかねません。

実は、きっぱりと**「これ食べたい！」と言ったほうが相手のためになるん**です。

しかし、自分の意見を言えばなんでもいいかというと、そうではありません。

「〇〇でもいいですよ」

「問題ないです」

このような言い方をしてしまうと、「何様だよ」と思われてしまうかもしれません。言い方一つで印象が変わってしまって、めちゃくちゃもったいないですよね。

自分の意見を伝える時は、シンプルに。

例えば子供って、親のことなんて気にせずに「これほしい！」とか「これ食べたい！」って言うじゃないですか。

無邪気に「〜したい！」と言うからこそ、可愛いなと思うし、願いを叶えてあげたくなる。

男性も同じ気持ちなんじゃないかなと思います。

「わがままだと思われたらどうしよう…」と思ったら、「○○がいい！」と可愛くおねだりしてみてくださいね。

リアクションはオーバーなくらいがちょうどいい

メッセージで重要なのはリアクションの良さ

「パフォーマンス的愛嬌」にも通じる部分ですが、反応が薄いと相手は自信をなくしてしまいます。


楽しそうに相槌を打って聞いてくれる人と、淡々とロボットのように返答する人、どちらのほうがメッセージをやりとりしていて楽しいかは言うまでもありませんよね。

「そんなことわかってるよ」と思うかもしれませんが、マッチングアプリのメッセージだとやりがちなんです。なぜなら、女性には大量のメッセージが届くから。

一人一人丁寧に返す気力がなくなって、気づかないうちにそっけない返事になっている人がとても多いんです。

あと、こちらはノリよく対応しているつもりでも、相手からするとそっけないと感じる場合もあります。

以前、男友達から、「このメッセージ、感じ悪くない?」と相談されたことがあるのですが、私からすると「え? 普通じゃない? むしろノリよくない?」と思うようなメッセージでした。

男性は、女性が思っているよりも繊細な生き物です。

こちらに悪気がなくても、**文章量が少ないとか、絵文字がないとか、受け答えが端的すぎるとかの理由でマイナスの印象になってしまうことがあります。**

男性の冗談に対してマジレスしてしまうのもNG。

相手が冗談を言ってきたら冗談で返す。

それが難しいのであれば、否定せず受け止めるだけでOKです。

とにかく相手の話を否定しないこと。
「大袈裟すぎるかな？」と思うくらいちゃんとリアクションをすること。
それさえできていれば、メッセージで「ナシ」判定されることはまずないと思います。

「質問攻め」に気をつけて

「この人素敵！　逃したくない！」と思うような男性とのメッセージのやりとりの時に気をつけてほしいことがあります。

それは**「質問攻めにしない」**ということ。

「素敵だな。お付き合いしたいな」とテンションが上がっている時って、つい前のめりになって質問したくなりませんか。

例えば、趣味の話をしているのに自分が聞きたいからといって「お仕事って、何ですか？」「休日は何されているんですか？」などと。

でも、そんな時こそ冷静になってほしいのです。

逆の立場で、男性から質問攻めにされた時、どんな気分になるでしょう。

あまりの気迫に「めっちゃがっついてて怖いな」と感じるんじゃないでしょうか。

それは男性も同じです。

聞きたいことがたくさんあるからといって、次々に話題を転換するのはＮＧ。

ゆるくキャッチボールを楽しみたいのに、四方八方から豪速球を投げられたら「もう無理～！」となってしまいます。

会話の基本は「自分が聞きたいこと」ではなく、「相手が話したいこと」を聞くこと。

例えば仕事の話をしたくないのに、相手が興味があるからといって仕事の質問ばかりしてきたらイヤですよね。

普段はコミュニケーションに難がない人でも、ドストライクの人相手だと周りが見えなくなってしまうことがあるので気をつけましょう。

Chapter 5 実際に会ってみよう

スマホ上のやりとりからもう1ステップ上がり、いよいよ対面のとき！

実際に会ってみてやっと、「アリ」か「ナシ」か判断できるといっても過言じゃありません。これは相手側も同じです。

ここでは会うときのポイントをお伝えします。有意義な時間を過ごし、良い出会いに繋げましょう。

気をつけるべきポイントその① 初回デートは昼にする

飲みに行こうと提案してくる男性も多いですが、**初回デートは昼にすることをオススメします。**

理由はいくつかありますが、一番のメリットは**昼のデートだと時間が短くて済むこと。**

飲みに行くとなると、最低でも2〜3時間くらいは時間を取られてしまいますよね。**もし気が合わなかった場合、2〜3時間も一緒にいるのはかなり苦痛です。**

その点、ランチやお茶なら1時間程度で済むので安心。

金額も飲みに行くよりもはるかに安く済みます。

さらに、気が合えばその日一日デートできちゃうというメリットもあります。

また、流されやすいタイプの女性から「飲みに行った後、酔った勢いでホテルに行ってしまった…」なんて話も聞きますが、昼間のデートにすることでそのようなリスクも減らすことができます。

もちろん、中には時間なんかお構いなしにホテルに誘ってくる猛者もいますが、そのようなタイプの男性はマッチングアプリ全体で見るとそこまで多くないのでご安心ください。

気をつけるべきポイントその② 前日のリマインドは忘れずに

残念なお知らせですが、どんなにメッセージのやりとりが盛り上がっていても、ドタキャンする人というのは必ずいます。

当日突然のドタキャンは防ぎようがないですが、それでも前日に**「明日は楽しみにしてます」などと、デートのリマインドをすることでリスクを減らすことができます。**

そこで返信がなければ、無断でドタキャンしようとしている可能性大。思い切って代わりの予定を入れてしまってもいいかもしれません。

中には前日のリマインドに返信があっても、当日にドタキャンするような礼儀のない人もいますが、**そういう人に当たったら「こういうこともある」と割り切るしかあ**

りません。

もしドタキャンされてしまったら、美味しいものを食べたり買い物に行ったりして気分を紛らわしましょう。

気をつけるべきポイントその③ 待ち合わせ場所はしっかり決めておく

これはマッチングアプリに限ったことではありませんが、LINEがあるからと**当日の待ち合わせ場所を決めておかないのはNG**です。

都市部の大きな駅の場合、相手と真逆の出口に出てしまうと、下手すると出会うまでに10〜15分くらいかかることもあります。

「なんで私が移動しなきゃいけないの？」とか「段取り悪すぎ」なんてイライラしながら待ち合わせ場所に向かうのは避けたいですよね。

だから、事前に待ち合わせ場所はしっかり決めておく必要があります。

これは実際にあった私の例なのですが、「新宿駅前の花屋のところで」とちゃんと待ち合わせ場所を決めたのに、待ち合わせ場所に行ってみたら相手がいなかったことがありました。

実は新宿駅前には南口にも西口にも花屋があったのです。

その他にも、ＪＲの駅なのか地下鉄の同じ名前の駅なのかによって相手が全然違う場所に向かってしまうことがあるので、待ち合わせ場所は出口や店名、目印となるものまでしっかり事前に確認しておきましょう。

気をつけるべきポイントその④ 出かける前のチェック項目を用意しておく

気になる人との初回デート、服も髪もネイルも完璧な状態で臨みたいですよね。

出先で服の汚れに気づいたり、ムダ毛の剃り残しに気づいたりなんかしたらテンションだださがり。

最悪の場合、そのせいで相手に幻滅されてしまう可能性もあります。

実際アプリを利用している男性に、２回目会うのがナシだと思った理由を聞いてみると、匂いだったり服の状態だったりと事前に防げるようなことも多いです。

そんな悲しいことにならないためにも、デートに出かける前のチェック項目を作っておくのがオススメ。

項目の内容や数に決まりはないのですが、自分の中で忘れがちなポイントがあればあらかじめピックアップしておきましょう。

ここでは、実際に私が使っていたチェックリストを公開します。

デート前チェックリスト

□ハンカチとティッシュは持った？
□匂い対策は万全か（脇、足、口臭）
□服と靴は決めた？　相手やＴＰＯにふさわしい？
□服や靴に毛玉や汚れはない？
□目は充血していない？
□鼻や口元に産毛はない？
□指毛はない？
□行きの電車の時刻は調べた？
□指にささくれはない？
□体の毛は剃り残しがない？
□ハンドクリームは塗った？
□ネイルは塗り直した？

□髪の毛は念入りにトリートメントした？
□アクセサリーは身につけた？
□香水はつけた？
□顔と足のリンパマッサージはした？
□全身スクラブして保湿した？
□美肌サプリは飲んだ？

「これが正解！」というものはないので、ご自身の性格やルーティーンに合わせてアレンジしてみてくださいね。

気をつけるべきポイントその⑤ メイク直しスポットを調べておく

デート前のメイク直しは大切ですよね。

特に仕事終わりにデートする時は必須です。

ここで見落としがちなのが、「メイク直しをする場所」。

暗くてムーディーだったりする、照明が特殊な化粧室でメイク直しをすると、メイクが濃くなりすぎていざ明るいところで鏡を見てみるとギョッとすることも…。

また、駅のトイレなどは化粧直しスペースの数が限られているため、使いたいのに使えない…みたいなこともよくあります。

そのため、私は**「穴場のメイク直しスポット」**を事前に見つけておくことをオススメします。

調べてみると、座りながらゆっくりメイクを直せる場所だったり、中にはヘアアイロンの貸し出しがある有料メイクスペースなどもあります。

メイク直しに適した照明かつ、あまり混雑しないメイク直しスポットをいくつか知っておくと、安心してデートに臨めますよ。

気をつけるべきポイントその⑥「無理だな」と思ったら我慢せず勇気を持って立ち去る

マッチングアプリを使っていると、「実際に会ってみたら生理的に受けつけない感じだった」とか「まったく話が噛み合わない」みたいなこともあります。

そんな時、無理してデートを続ける必要はありません。

なぜなら、**最初に覚えた違和感は払拭《ふっしょく》できないことが多いからです。**

私はNOと言えない性格だったので、生理的に無理でも不快なことを言われても、「もしかしたらいい人かもしれないし…」と我慢してデートを続けていました。

でも、そんな期待とは裏腹に、さらに不快なことを言われたりして帰る頃にはメンタルはボロボロ。

今思うと、すぐにお金を置いてその場から立ち去れば良かったなと思います。

すぐに見切りをつけてしまうのも考えものですが、合わない人と無理にデートを続ける必要はありません。

「そろそろ次の予定があるので…」
「お店混んできたし出ましょうか」
「それ（相手の残り少ないドリンクを指さして）飲み終わったら行きましょうか」

など、その場に応じた理由をつけてお店を出ましょう。

「無理だな」と思ったら、勇気を出してその場を立ち去る。自分を守れるのは自分だけです。

気をつけるべきポイントその⑦ デートの後に楽しい用事を入れておく

先ほどの話にも繋がりますが、必ずしもデートが毎回楽しいものになるとは限りません。だからこそ実践していただきたいのが**「デートの後に楽しい用事を入れておく」**ことです。

オススメは気心の知れた女友達とのご飯。

「こんなことがあった！」と話すことで、気持ちがスッキリするし、後に引きずらなくて済みます。

友達との予定を入れるのが難しい場合は、マッサージや一人カラオケに行ってストレスを発散するのもいいですね。

私はマッチングアプリのデートの後に、よく行きつけのカフェに行っていました。

うまくいかなくてもその度に店長が慰めてくれたおかげで、めげずに続けてこられたと思います（笑）。

マッチングアプリでうまくいかないことが続くと、深刻なアプリ疲れを引き起こしてしまう危険性があるので、**あらかじめ自分なりのリフレッシュ方法を用意しておきましょう。**

デート中に注意すべきポイント

プロフィールは事前にチェックしておく

同時に何人もの人とやりとりをしていると、「今日会う人の仕事ってなんだっけ？」と基本的な情報を忘れてしまったり、誰とどんな話をしたのかわからなくなってしまったりすることがあります。

私の場合、待ち合わせ場所に向かいながら「今日の人、名前なんだっけ？」と慌てて名前を確認しようとしたら階段でつまずいて、足を捻挫してしまったことがあります。こんなことにならないよう、くれぐれも**待ち合わせ場所には早めに着くようにし**

て、相手のプロフィールやメッセージの内容を復習しておくようにしましょう。

また、デート中に話した内容や、次回話したいことなどをメモしておくのもオススメ。

何も考えず闇雲にデートを重ねるよりも、「こうしたらもっと仲良くなれるのでは？」と仮説を立ててデートに臨んだほうが、うまくいかなかった時に振り返りやすいです。

また、その時の感情を書き出すことで、気分が落ち着き冷静になれるので、必要以上に引きずらなくて済む効果もあります。

仕事の話をしすぎないようにする

マッチングアプリのデートでありがちなのが、仕事の話をしすぎてビジネス仲間のようになってしまうこと。

特に同じ業界や業種の人同士だと、「仕事の話で盛り上がったけど、そこから恋愛に発展しなかった…」なんて話をよく耳にします。

最初のとっかかりとして仕事の話をするのはいいですが、**場が温まってきたら恋愛観や過去の失敗談など、プライベートな話をするようにしたほうが仲が深まりやすい**です。

無意識のマウントに注意

マウントって、女子会だけのものだと思ってました?

いいえ、違うんです。

悲しきかな、男性の前でも無意識にマウントをとってしまっていることがあるんです。

わかりやすい例だと「それ知ってる～」とか「私もそういう時期あったわ～」みたいな先輩風を吹かせてしまうタイプ。

悪気がなく言っているのかもしれませんが、相手からすると話の腰を折られたような気分になってガッカリしてしまいます。

男性に限らず、相手を立てられる女性はモテます。

誰だって、自分の話を遮《さえぎ》らずに最後まで聞いてほしいし、気持ちの良いリアクションをしてほしいですよね。

「楽しそうに話を聞いてくれる」って、誰もが求めていることだけど、実践するのは難しい。

だからこそ、それができるだけで実はすごく大きな強みになるんです。

私のようにもともと反応が薄いタイプの人は、**バラエティ番組のひな壇のタレントさんや芸人さんのリアクションを参考にするのがオススメ**です。

彼らはトークの達人なので、司会者の話を遮ったり、場の空気を乱したりするようなことは絶対にしません。さらに毎回気持ちの良いリアクションで視聴者を楽しませてくれるので、とても勉強になります。

『マツコの知らない世界』に出演した際も、マツコ・デラックスさんの愛のあるいじりに感動しました。

マッチングアプリのデートでも、**相手を立てて場を盛り上げようという気持ちを忘れないようにすることが大事**なんじゃないかなと思います。

ガンガン好意をほのめかすべし

「なぜか2回目のデートに繋がらない」という人にありがちなのが、脈ナシ感を出してしまうこと。

恋愛偏差値が低い女性ほど、自分が「この人だ！」と思う人にしか好意をほのめかすことができない人が多いのですが、これは間違いです。

一見すると合理的なようですが、このように**相手を「アリ」か「ナシ」かで判断し**

て、態度を変えてしまうのはあまり良くありません。

理由は二つあります。

一つ目の理由は、**恋愛の経験値が上がらないから**です。

どんな風にリアクションしたら、どんな表情をしたら男性が喜ぶのか。

これらは実際に男性とデートしていく中で、試行錯誤して培《つちか》われるもの。

一朝一夕に身につくものではありません。

水商売の方やアイドルの方が、多くの男性をトリコにできるのも、常に全力で目の前の男性を喜ばせる努力をされているからでしょう。

理想の男性でなかったからとがっかりするのではなく、成長のチャンスと捉え、その場を楽しむ気持ちが大切です。

「好意があると勘違いさせたら悪い」という罪悪感を持つ必要はありません。

それは多くの場合、自惚《うぬぼ》れです。

厳しい言い方ですが、マッチングアプリには自分以外にいくらでも魅力的な女性がいるのです。男性は、あなたにフラれたからと言って「あなたしかいない」なんてならないので安心してください。

二つ目の理由は、**脈ナシだと感じると男性が撤退してしまうから**です。

例えばお互いに「ナシではないな」くらいの温度感で、女性の好意が感じられない場合、男性は「この子はダメそうだな」と感じて諦めてしまいます。

特に、マッチングアプリに登録している男性は慎重な草食系男子も多いため、**フラれるリスクが高い女性にわざわざアタックしようとしません。**

だったら、もっと自分に好意を寄せてくれている（と感じさせてくれる）女性に行こう、となってしまうんです。

極端な例ですが、ニコニコしながら話を聞いてくれる女性と、リアクションが薄い女性だったら、前者のほうが「付き合えそう！」と思ってもらえそうですよね。

その他にも、

「ここに行きたい」
「こんなデートをしたい」

など、**2回目以降のデートに繋がるような話をすると、男性が手応えを感じてまたのデートに誘ってくれる可能性が高くなります。**

また、**デートが終わった後すぐに送るお礼のLINEも有効。**
変に駆け引きせず、すぐに「今日は楽しかったです。ありがとうございました」などデートの感想と感謝の気持ちを伝えてください。

「素敵なお店を予約してくださってありがとうございました。今度は私にご馳走させてください」と、奢ってくれた相手を気遣いつつ次回のデートに繋がるようなメッセージもオススメです。

「相手の温度感を探るために自分からＬＩＮＥを送りたくない」という気持ちもわかりますが、それは相手も同じ。

お互いナシではないと思っているのに、お互いが様子を窺《うかが》っていたせいでご縁に繋がらなかったらもったいないですよね。

初対面で「微妙だな」と思っても、会い続けるうちに好きになることもたくさんあります。

実際にアプリ婚された方から話を聞いても、**初対面では「微妙だなと思っていた」と答える方が多い**です。

可能性を広げるためにも、よほど生理的に無理な人を除いて好意をアピールしておきましょう。

もしかしたら、目の前の人が運命の人かもしれません。

店員さんへの態度をチェック

職場での出会いなら、仕事への姿勢やトラブル時の対応など、相手の様々な面を見ることができますが、マッチングアプリでの出会いだとそうはいきません。

数回デートしただけでは、わからないこともたくさんあります。

とはいえ、少しでも相手の本質を見極めたいですよね。

そんな時は、店員さんへの態度をチェックしましょう。

デート中はよく見せようと気を張っている男性が多いと思いますが、それでも**店員さんへの態度は、その人の素が出やすいです。**

特に、待ち時間が長かったりオーダーミスがあったりと、**予想外の出来事があった**

らその人の素を見られるチャンス。イライラして店員さんにキツく当たる人もいれば、「そんなこともあるよね」とどっしり構える人もいます。

これは今の彼氏と付き合う前、カフェでデートしていた時の話なのですが、店内で騒いでいる子供を見て「元気で可愛いね」と穏やかな表情を浮かべる彼を見て、素敵な人だな、この人とお付き合いしたいなと思いました。

この他にも、禁煙席でタバコを吸っているおばちゃんに私がイライラしていた時も「仕方ないよ。知らないだけなんだよ」と私を優しく諭してから、そのことを店員さんに伝えに行ってくれたり、店員さん同士の連携ミスでラストオーダーを複数回確認された時も、顔色ひとつ変えず紳士的に対応したりする彼を見て、「この人はなんて穏やかで優しい人なんだ」と感動したのを覚えています。

とっさの対応を見れば、その人が普段どうしているのかは一目瞭然ですし、**店員さんや赤の他人にこそ、その人の本質が表れると思います。**

耳触りのいい言葉に騙されず、行動や態度でその人の本質を見極めてくださいね。

相手のモチベーションを確認しておく

何回もデートを重ねて付き合ってから、自分は結婚前提のお付き合いだと思っていたのに、相手はとりあえず付き合ってみようくらいの感じだったということが判明したらイヤですよね。

そんなことにならないようにするためには、出会った時にそれとなく相手のアプリへのモチベーションを確認することが大切です。

デートを重ねてからだと重たい雰囲気になってしまうので、**1回目のデートのなるべく早い段階でサラッと確認しておくのがオススメです。**

とはいえ、「私は次、お付き合いする人とは結婚を考えているんですが、あなたは？」と、面接官のように問い詰めるのはNG。

結婚願望がある男性だとしても、いきなりそんなことを言ったら怖がられてしまいます。なので、「なんでアプリを始めようと思ったんですか？」など、ライトな話題から相手のアプリに対するモチベーションを推測しましょう。

こうすることで、モチベーションが違う男性とのミスマッチを防げます。

他の男性の悪口はNG

よくやってしまいがちなのが、**アプリで会った他の男性の悪口を言ってしまうこと。これは絶対にやってはいけません。**

もしデート相手から「やばい人いた？」「何人と会った？」などと話をふられても、「みんないい人だったけどご縁がなかった」など、当たり障りのないことを言って流しましょう。

他の男性の悪口を言うのは、品のない印象を与えてしまったり、「俺もこんな風に

言われるのかな？」と怖がられてしまったりと、百害あって一利なしです。

また、これはデートに限った話ではありませんが、悪口や愚痴を言っている時の表情は醜くなりがちです。

感情的になると声のトーンが攻撃的になってしまったり、言葉遣いも悪くなってしまったりするので、他の男性の悪口は避けるようにしましょう。

同じ理由で、「あの店員さん、嫌な感じですね」とか、「このスープ微妙ですね」など、お店の悪口も×。

もし自分のお気に入りのお店や、相手のために一生懸命探したお店の悪口を言われたら、どんな気持ちになるでしょうか。

たとえ相手に悪気がなくてもガッカリしてしまいますよね。

せっかくのデートの雰囲気を悪くしないように、愚痴や悪口は封印しましょう。

例えば、お店の内装が思ったより古びていたとしても、「写真と違いますね」と言うのではなく、**「あったかい雰囲気でいいですね」**とか**「レトロな感じが素敵ですね」**と、ポジティブに表現したほうが良い印象を与えられます。

料理の味が好みでなかったとしても、ハッキリと「美味しくないですね」と口に出すより、「初めて食べた味です」とか「好みがわかれそうな味ですね」と言ったほうが、マイルドな印象になります。

もちろん仲良くなってからであれば、本音で話しても問題ないと思いますが、初回のデートでは気をつけるに越したことはないでしょう。

相手の気持ちがわからない時は素直に聞くべし

デートを何回も続けているのに、一向に進展がない。

「彼は私のことどう思ってるんだろう?」とモヤモヤしますよね。

そんな時は、友達に相談したり占いに頼ったりしても意味がありません。

彼の気持ちは直接本人に聞くしかないのです。

待ちの姿勢はやめて、素直に「私はあなたのこといいなと思ってるんだけど、〇〇君はどう思ってる?」と聞いてみましょう。

デート3回目で男性から告白するのが一般的と言われていますが、回数や形式にこだわる必要はありません。

カップルの数だけ、愛の形があります。

初デートでお付き合いに発展して電撃婚する人もいれば、半年や1年かけて付き合って結婚する人もいます。

これは付き合ってからも言えることですが、他のカップルと比較して落ち込む必要はありません。

自分達の愛の形を信じて、2人の愛をじっくり育んでくださいね。

付き合うことになったら気をつけるべきこと

ここからは、晴れて両思いになり、お付き合いすることになった時に注意すべきポイントについてお話ししていきます。

目の前で同時にアプリを退会するべし

よく聞くのが、「付き合ってからも彼氏がこっそりアプリを続けていた！」という話。

私も昔、当時の彼氏がデート中に頻繁にスマホを見ていたので、後ろからこっそりのぞいたらアプリでメッセージをしていたことがあります。

「まだ課金の有効期間が残っていたからもったいなくて…」と言い訳していましたが、

私はちゃんと退会していたので、真剣に向き合っていたのは自分だけかとバカバカしい気持ちになりました。

こんな残念なことにならないようにするには、付き合うことになった時に**目の前で同時にアプリを退会するしかありません。**

「目の前で同時に」というのがポイント。

なぜなら、中には「もう退会したよ〜」と嘘をつく輩もいるからです。

アプリによっては、ブロックすると「退会したユーザーです」と表示されることもあるので、騙されないように注意しましょう。

アプリを使っている女友達にプロフィールを検索してもらい、付き合っている人のプロフィールがヒットしないことを確認するのもオススメです。

保険証を見せてもらうべし

以前ツイッターで「付き合ったら身元を明らかにするために名刺を見せてもらえ」というツイートを見たことがあるのですが、これは実はあまり得策とは言えません。

なぜなら、**名刺を必要としない仕事もありますし、名刺があったとしてもデートの時に持っているとは限らないから**です。

「今度持っていくね～」と適当に流されてしまう恐れもあります。

さらに言うと、名刺は簡単に偽造できてしまいます。

信じがたいですが、女性を騙すために偽物の名刺を作る人もいるとか。

私の友人がアプリを通じて付き合った男性も、本当は不動産関係の仕事をしているのに「外資系の銀行で働いている」と嘘をついていたそうです。

家に行った時に宅建の参考書が置いてあり、「おや?」と思って、こっそり通帳を見たところ、外資系銀行ではなく不動産会社から給料が振り込まれていたそうです。

保険証にも、不動産関係と思われる組合名が記載されていたとのこと。

このように、**保険証の場合は発行元の名称からおおよその職業を推測できるという**

メリットがあります。

大企業の場合は、「○○健康保険組合」の○○の部分に企業名が書いてあるところもあります。

友人は付き合う時に運転免許証を見せてもらっていたらしいのですが、**運転免許証では本名や生年月日はわかっても、仕事まではわからなかったのです。**

運転免許証は名刺同様に「持ってないんだよね」と嘘をつかれたら終わりです。

その点、健康保険証なら持ってないわけがないので安心です。

「出会いが出会いですし、お互い職場がわかるようなものを見せ合いませんか？　私も信用してほしいのでお見せします」と、あくまでも下手に出るような言い方にするのがポイント。

もし話を逸らされたり逆ギレしてきたりするようなことがあれば、何らかのやましいことがあると判断して良いと思います。

Chapter 6 幸せな恋愛をするために必要なマインド

素敵な彼と付き合うことができた。出会いはマッチングアプリの場合も、本質的な恋愛への心構えは変わりません。

自分次第でうまくいくときもあれば、いかないときも…。

この章ではマッチングアプリに限らず、幸せな恋愛をするために必要なマインドについてお伝えしていこうと思います。

「お客さま」女子は卒業しよう

私のところには、毎日のように恋愛相談のリプやＤＭが届きます。

彼女達の話を聞いていくうちに、マッチングアプリでうまくいかずに悩んでいる人に共通する、ある一つの特徴を見つけました。


それは**「お客さま」状態の人が多い**ということ。

受け身姿勢で、自分から行動をしないのに一丁前にクレームだけはつける人が多い印象を受けました。

私も女性なので、ドラマや少女漫画のように、積極的な男性にリードされたいという気持ちはよ――――くわかります。

自分からガンガン行動するのも何だかなぁ、と思ってしまうんですよね。

常に相手にリードを求めてしまっている状態がこれです。

しかし、実はこのような**「お客さま」状態でいると、素敵な男性とのご縁が遠ざかってしまいます。**

もちろん、素敵なレストランを予約してくれて、優しくエスコートしてくれて、気の利いた褒め言葉を言ってくれて、トイレに行っている間にスマートに会計を済ませてくれるようなパーフェクトな男性もアプリ内に存在しますが、そういう女慣れしている男性は**百戦錬磨のヤリチン**だったり、**めちゃくちゃ理想が高くて彼女ができないタイプの男性**だったりするんですね。**奥さんが「調教済み」の既婚者**の場合もあります。

もっと言うと、**仕事はできるけれどプライベートではダメダメな男性**もいるし、相手に気を許しているからこそ、**リラックスモードになってしまってリードできないタイプの男性**もいます。

「いい人がいない」と嘆いている女性は、一度、「リードしてくれる男性じゃないと嫌だ!」というこだわりを捨ててみると、素敵な出会いがあるかもしれません。

「楽しませてくれる男性」を求めない

ご相談者の方から、よく「楽しませてくれる男性がタイプ」という声を聞くのですが、このような考えの女性は恋愛がうまくいきにくいと思います。

芸人さんや人前で話をする特別な仕事の人などは例外として、**面白い話ができる男性というのは一握り**だからです。

もし仮にそのような男性と運良く出会えたとしても、残念ながら「楽しませてくれるのを待っているだけの女性」は選ばれません。

なぜなら彼らもまた、「楽しませてくれる女性」を求めるからです。

ドライブの例に置き換えて考えてみましょう。

運転席でハンドルを握るよりも、助手席に乗っているほうがラクですよね。

助手席なら乗っているだけで目的地に着くし、事故が起きないように細心の注意をはらう必要もありません。
だから助手席に乗りたがる人が多いわけですが、これはコミュニケーションにおいても同じです。

楽しませてくれる人、つまり**会話のハンドルを握れる人はモテます。**
誰だってスベるリスクを負いたくないし、ラクして楽しい気分になりたいからです。

しかし、ドライブと同じで長時間一人でハンドルを握り続けていると疲れてしまいます。
だから、会話のハンドルを握れる人は、**助手席希望の人ではなく、同じく会話のハンドルを握れる人を求めるのです。**

これは会話に限ったことではありません。

「〜してくれない」と、相手がしてくれないことを嘆くのではなく、自分からデートに誘う、行ってみたいお店を提案するなど能動的に動くことが大切です。

「楽しませてくれる男性」を求めるのではなく、「楽しませられる女性」を目指しましょう。

恋愛ノウハウを鵜呑みにしない

「LINEはすぐに返信しない」
「連絡がマメではない男性は本命と思ってくれていない」
など、よく耳にする恋愛ノウハウは鵜呑みにしないことが大切です。

なぜかというと、そのような先入観があると心から恋愛を楽しめないですし、疑心暗鬼になってしまって本来結ばれるはずのご縁を逃してしまう恐れがあるからです。

もちろん参考にする程度であれば問題ないのですが、妄信してしまうのは考えものです。自分の気持ちも大切にしましょう。

恋愛に正解はないので、あまり考えすぎず肩の力を抜いて楽しみましょう。

私自身、「デート中はずっとニコニコしなければ」とか、「話題を振らなければ」と、たくさんの「〜しなければ」を抱えていた時はうまくいきませんでした。

ずっと笑顔じゃなくても良いし、沈黙の時間があったって良いんです。
駆け引きが苦手なら無理に駆け引きしなくて良いし、思ってもいないことを無理に言う必要もありません。

3回目のデートで告白されなくても心配しなくたっていいし、割り勘だったからといって脈ナシと決めつけてガッカリする必要もありません。

細かいことは気にせずに自然体でデートを楽しんだほうが、よりあなたの魅力が引き出されるのでうまく行きやすくなると思います。

合わない恋愛ノウハウを無理に取り入れる必要はありません。

「私には合わないかも…」と思ったらスルーしていいのです。

うまくいかない＝あなたの魅力不足とは限らない

マッチングアプリを続けていると、人によってはうまくいかなくて悩む時期もあると思います。

そういう時って、デートの手応えがなかったり、返信がなくなったりすると、「またダメだった…」と落ち込んでしまいがちです。


私もかつてはそうでした。

時にはデートした相手に「私のどこがダメだったの!?」と鬼の形相で聞くことも。

今思うと、「そういう必死さだったり、相手が答えにくいことをズケズケと聞いてしまうデリカシーのなさだよ！」という感じなのですが…。

当時はいっぱいいっぱいで、自分を客観視する心の余裕がなかったんだと思います。

ご縁がなかったからといって、あなたの魅力不足とは限りません。

「いろんな人と会ってみてから付き合う人を決めたい」という男性だったのかもしれないし、元カノを引きずっている人だったのかもしれないし、ただ単に相性が良くなかっただけかもしれません。

うまくいかない度に、自分の魅力不足のせいにしてしまうと自信がどんどんなくなって苦しくなります。そうすると、デートを心から楽しめなくなるので本来の魅力が発揮されず、またうまくいかないという悪循環に。

うまくいかないデートが続いたからといって、どうか「私がダメなんだ」と、自分を責めないでくださいね。

すべての出会いは「いつか出会う大切な人」のためにある

「今日の人はタイプじゃないから適当でいいや」と、**相手によって態度を変える人や、好きな人の前でだけがんばる人はうまくいきません。**

普段やっていないことを、好きな人の前だけでやってもその違和感は相手に伝わります。

いくら取り繕《つくろ》ってもふとした瞬間に、その人の素は出てしまうものです。

私の知る限り、**本当の意味でモテる人はどの人にも同じように誠意を持って接しています。**

無駄な出会いはありません。

もしご縁がなかったとしても、出会いに真剣に向き合えば必ずあなたを成長させてくれます。

なので、表面だけを見てその人を判断せずに**目の前の人と一人一人ちゃんと向き合うことが大切**です。

そして、うまくいかなかったら「ベストを尽くしてもダメだったんだから仕方ない！」ときっぱり諦めること。

私は**相手から返信が3日以上来なかったらご縁がなかったということにして**「はい次！」と気持ちを切り替えていました。

失恋は、いつか出会う大切な人とご縁を結ぶための修行。

たとえ今は辛くても、「素敵な彼と出会えた。あの時私をフってくれてありがとう」と思える日がきっと来るから大丈夫です。

出会う人は自分の鏡

「ロクな男しか寄ってこない！」と思ったら、あなた自身の言動や考え方を見直すべきサイン。

なぜなら、「類は友を呼ぶ」と言うように、**出会う人のレベルが自分のレベル**だからです。

「こんな酷いことを言われたんです！」と言っている人の話をよくよく聞いてみると、**無意識のうちに先に相手を傷つけるようなことを言っているケースも多い**のです。

第三者から見ると、売り言葉に買い言葉で「お互い様じゃない？」という感じなのですが、当事者は感情的になっているので、自分にも非があったことに気づきにくいのです。

だからこそ、相手に対して不満を覚えた時は一度立ち止まって**「自分も人のことを言えないいんじゃないか？」**と考えてみることが大切です。

自分の考え方が変われば、とる行動が変わります。
するとそれに反応して相手の行動も変わります。
自分の考え方次第で、良くも悪くも目の前の相手が変わるのです。

優しくされたければまず自分が優しくする。
大切にされたければまず自分が大切にする。

誠意を持って接してもダメなら、その人とは最初からご縁がなかったということです。

スッパリと諦めましょう。

相手の不満を言いたくなったら、「出会う人は自分の鏡」と考えて、まず自分の行動を振り返り、態度を改める。それでもダメならその人と距離を置く。

それを繰り返していくと、いつの間にか自然と「出会う人はみんな素敵な人ばかり！」という状態になるはずです。

素敵な人と出会いたければ、まずは自分が素敵な人になるという意識が大切です。

嫌われることを恐れずに自分の気持ちを伝える

マッチングアプリはあくまでも出会いのツールの一つにすぎません。

出会った後は、職場や学校での出会いと同じで、相手と地道にコミュニケーションをとっていく必要があります。

相手の気持ちがわからない時に、「きっと相手はこう思ってるはずだ」と決めつけたり、言いたいことがあるのに、「こう思われたらどうしよう」と相手の目を気にして本音を隠したりしていては、深い関係を築くことはできません。

特にアプリで出会った場合は共通の友人がいないので、相手の情報を知るには自分で直接本人から聞き出す必要があります。

嫌われることを恐れずに、聞きたいことがあればどんどん聞きましょう。

自分の気持ちを伝えても案外嫌われないし、**もし嫌われたとしても本音を言っただけで壊れるような関係は遅かれ早かれ壊れるので気にしなくて良いと思います。**

心の声に従う

恋人ができるのをゴールにしてしまうと、なかなかいいと思える人と出会えなくて気疲れしてしまったり、新しい人と出会うのが億劫になったりすることがあると思います。

そんな時は無理せず、思い切って恋活・婚活をお休みしましょう。

焦る気持ちはわかりますが、血まなこになって必死に男性を求めている様子は決して魅力的とは言えません。

しかも、疲れている時は他人のイヤなところが目につきやすくなるので、相手のことを好きになりにくくなり、悪循環です。

「いい人なんだから好きにならなきゃ！」と、好きになれない人と無理にデートを続ける必要もありません。

幸せになるために恋愛をしたいのに、恋愛のために不幸になるなんて本末転倒。

「イヤなものはイヤ」と自分の心の声に従ってくださいね。

自分の身は自分で守る

よく「彼と体の関係を持ってしまったのですが、付き合えますか？」というご相談を受けるのですが、「持ってしまった」という受け身の言い方をしている限り、残念ながらお付き合いに発展させるのは難しいと思います。

これは「付き合う前に体の関係を持ったからダメ」というよりも、その場の雰囲気に流されてしまうような芯のなさが問題です。

体の関係を持つということは、病気や望まない妊娠などのリスクを伴います。

大人ですから、これらのリスクを受け入れ、お互い合意の上で関係を持つ分には問題ないと思うのですが、「彼に嫌われたくないから」と嫌々応じたり、「ま、いいや」と深く考えずに関係を持ってしまったりするのは考えものです。

何かあった時に傷つくのは自分自身。誰も責任をとってはくれません。

・初めてのデートでは個室を避ける
・性的なメッセージを送ってくる人とは会わない
・待ち合わせ場所は人通りの多いところにする

など、「**自分の身は自分で守る**」という意識が大切です。

少しでもモヤッとするのであれば「明日早いので…」とか「体調がすぐれないので」などと、適当な理由をつけて断りましょう。

ホテルに行くのを断ったからといって諦めるような男性であれば、最初からそこまで真剣ではないので気にする必要はありません。

また、ストレートに誘ってくる男性であればわかりやすいのですが、中には「アイス買ってどこかで食べよ」と遠回しに誘ってきたり、何も言わずにしれっとホテルに連れていったりする女慣れした男性もいるので注意してください。

自分史上最高の外見を目指す

「人は内面」と主張する人もいますが、これは半分正解で半分間違いです。

少なくとも、**マッチングアプリにおいては「人は外見」です。**

写真と文章しか判断基準がない分、どうしても外見の比重が大きくなってしまうからです。


では、「外見に恵まれていない人はダメなのか？」というとそうではありません。

大切なのは、「自分史上最高の外見にしておく」ということです。

似合うメイクを研究してみるとかダイエットをするとか、できる限りの努力をしてください。

特に、肌や髪のお手入れは日々の積み重ねが大切です。

お金と時間をかけていることが顕著に現れる部分でもあるので、優先して課金することをオススメします。肌や髪がきれいだと、それだけで若々しい印象になるし、パーツの美しさも引き立って見えます。

「色の白いは七難隠す」ということわざがありますが、まさに昔の人も同じことを考えていたのでしょう。

とにかくベストを尽くして「自分史上最高の外見」にしておくこと。

「自分のことをどう思っているか」は、表情や態度に表れます。

積み重ねた努力によって生まれるその自信こそが、女性を美しく見せてくれる最高のエッセンスなのです。

幸せになると決める

私は、幸せになるために最も重要なのは**「幸せになる覚悟」**だと思います。

自分を応援できるのは自分しかいません。
どんなに周りが「大丈夫だよ！」と言ったところで、自分が「幸せになれるのかな」と思っていたら幸せになれないと思います。
なぜなら、幸せかどうかを決めるのは自分自身だからです。

「自分はどうなりたいのか？」「どうなったら幸せなのか？」を考えずに漠然と生きるのは、完成図が想像できない真っ白なパズルを組み立てるようなもの。
そりゃ大変だし、完成させるのもしんどいです。

でも、「幸せになる！　私はこうなる！」と決めて完成図が想像できるようになると、ピースを集めるのが楽しくなってくるはず。

周りの人がどう言おうが、世間がどうだろうが関係ありません。
あなたが幸せならそれでいい。
将来どんな人と、どこで何をしていたいですか？
そのためにはどんなピースが必要ですか？

ワクワクしながら、あなただけの幸せのパズルを完成させてくださいね。

おわりに

ここまでマッチングアプリが普及しても、いまだに「マッチングアプリの出会いなんて…」と言う方がいます。

確かに既婚者や業者が登録していたりと、グレーな部分もあるので安全とは言い切れないところもあります。

しかし、果たして本当にマッチングアプリは悪いものなのでしょうか？

マッチングアプリで恋人ができた人もいれば、結婚して幸せになった人もたくさんいます。

私がマッチングアプリを始めた頃は、本どころかインターネットにすらほとんど情報がありませんでした。なので楽しい思い出もありますが、それ以上に痛い目にもたくさん遭ってきました。

どんな写真を載せて、どんなプロフィールを書いたらいいのか。

どんな人と出会って、どんなことに気をつけたらいいのか。

情報がほとんどなかったので、手探りで学んでいくしかなかったのです。

「他の女性には、私のようにこんなしんどい思いをしてほしくない」

そう考えて、マッチングアプリを使って感じた気づきをツイッターで発信し始めたところ、予想以上に大きな反響がありました。

「もっと早く知りたかったです！」「おとうふさんのおかげで彼氏ができました！」といったリプやDMをたくさんいただくようになったのです。

そのような感謝のメッセージをいただく度に、自分のしてきたことは決してムダではなかったんだ、誰かの役に立てているんだと感じて嬉しくなります。

マッチングアプリには、自分の世界を広げるチャンスがたくさんあります。

この本を手にとってくださった皆さんにも、色んな人と出会って最高の彼をゲットしてほしいなと思います。

マッチングアプリを通して、一人でも多くの人が幸せになれますように。

おとうふ

Staff

ブックデザイン 原田恵都子（Harada＋Harada）

人物撮影 細谷 聡

イラスト ヤマサキミノリ

DTP Isshiki（青木奈美）

編集 篠原若奈

おとうふ

マッチングアプリのプロフィール添削のプロとして活躍。「モテない」というコンプレックスを克服するためプロフィールを徹底研究し、Pairsで都道府県別1位(最高2000＋いいね!)を獲得。300人以上と出会った経験や、日本心理セラピスト協会認定心理セラピストの資格を活かし、プロフィール添削・作成、写真選定サービスなど恋愛のサポートを行っている。TBS「マツコの知らない世界」などメディア出演実績や、セミナー、執筆、監修記事多数。

Twitter @o10fusan

今《いま》すぐ! 最高《さいこう》の彼《かれ》に出会《であ》うための

マッチングアプリ恋愛術《れんあいじゅつ》

2021年11月17日　初版発行

著　者　おとうふ

発行者　堀内大示

発　行　株式会社KADOKAWA
〒102-8177 東京都千代田区富士見2-13-3
電話 0570-002-301(ナビダイヤル)

印刷所　大日本印刷株式会社

●お問い合わせ
https://www.kadokawa.co.jp/(「お問い合わせ」へお進みください)
※内容によっては、お答えできない場合があります。
※サポートは日本国内のみとさせていただきます。
※Japanese text only

定価はカバーに表示してあります。

ISBN978-4-04-605466-1　C0095